눈떠보니 서른

인생의 변곡점을
건너고 있는
30대를 위한
34가지 조언

눈떠보니 서른

강혁진 지음

TORNADO
토네이도

일러두기

1. 이 책에 등장하는 주요 인명, 지명, 기관명, 상표명 등은 국립국어원 외래어 표기법을 따르되 일부는 관례에 따라 소리 나는 대로 표기했다. 원문은 설명이 필요한 개념의 경우에만 본문 내 최초 등장에 한해 병기했다.

2. 단행본은 《》, 논문, 언론매체, 영화 등은 〈〉으로 표기했다. 국내에 정식으로 소개되지 않은 작품에 한해 원제를 병기했다.

지금 서른의 강을 건너는

_____ 님의

10년이 반짝이면 좋겠습니다.

인생에서 가장 중요한 시기, 서른

'서른' 하면 누구나 떠올리는 명곡이 있다. "또 하루 멀어져 간다"로 시작하는 노래. 바로 가수 김광석의 〈서른 즈음에〉다. 이 노래 때문인지 우리나라에서는 서른이라는 나이를 굉장히 특별하게 여긴다.

이 곡의 가사는 가볍지 않다. 오히려 심오하다. "점점 더 멀어져 간다. 머물러 있는 청춘인 줄 알았는데 비어가는 내 가슴속엔 더 아무것도 찾을 수 없네." 대체로 '아, 아직 청춘인 줄 알았는데 이제 늙어버렸구나'라는 뉘앙스를 풍긴다.

이 가사에서처럼 많은 20대들이 서른이 되면 인생이 끝난다고 생각한다. 또 많은 30대들이 스스로 굉장히 나이가 들었다고 생각한다. '나이가 몇인데', '서른인데 아직 이뤄놓은 것도 없고…' 같은 말들을 자신의 의지와는 상관없이 내뱉는다.

그런데 짚고 넘어가야 할 문제가 있다. 이 노래가 언제 나왔는지 아는가? 바로 1994년이다. 통계청 조사에 따르면 1994년 우리나라 남녀 평균 기대수명은 73.1세였다. 반면 2020년 통계청이 발표한 자료에 의하면 평균 기대수명이 83.3세다. 약 10년이나 늘어난 셈이다. 같은 조사에서 30세의 기대여명은 무려 53.9세로, 이 말은 2019년에 서른이 된 사람이 앞으로 53.9년을 더 산다는 뜻이다.

이렇게 우리는 〈서른 즈음에〉와는 맞지 않는 시대를 살고 있다. 그러니 '내 청춘이 갔구나'라는 생각은 20년 뒤에 해도 충분하다(아니, 쉰도 빠르다). 이 책을 읽는 당신도 전혀 기죽을 필요가 없다. 30대는 무엇이든 할 수 있는 나이다.

●

나는 30대를 위한 미디어이자 콘텐츠 플랫폼 〈월간서른〉을 운영하고 있다. 2018년 1월 오프라인 강연을 시작해서 2020년 2월까지 매달 한 번도 빠지지 않고 모임을 진행해왔다. 코로나19가 유행한 뒤로 오프라인 모임은 아쉽게도 하지 못했지만 유튜브 채널을 통해 다양한 모습으로 살아가는 30대의 이야기를 나누고 있다.

〈월간서른〉을 만든 이유는 간단하다. 우선 내가 30대고 이 시기가 인생에서 매우 중요하다고 믿기 때문이다. 이런 나에게 많은 사람들은 왜 서른이 중요하냐고 묻는다. 그 질문에 내가 늘 하는 대답은 이렇다.

"20대는 돈이 없고 40대는 시간이 없다."

무슨 뜻인가 하면 20대는 자신이 무엇에 관심이 있는지 알아갈 시간은 있으나 경제적 여유가 없다. 반대로 40대는 스스로를 탐구할 돈은 있지만 시간이 없다. 이런 의미에서 30대는 삶의 방향을 정하고 새로운 일에 도전하기 좋은 나이다.

30대에게는 20대가 갖지 못한 것이 있다. 바로 경험이다. 여행이든 연애든 사회생활이든 30대들은 20대를 지나오면서 자연스럽게 다양한 경험을 했다. 그리고 이 과정에서 쌓인 경험치는 시행착오를 줄여준다. 30대는 인생의 갈림길에 섰을 때 각각의 선택에 따른 결과를 어느 정도 예상할 수 있다. 취업을 했을 때의 효과와 부작용을 예측할 수 있고 금융권 취업과 제조업종 취업의 장점과 단점을 비교할 수 있다는 뜻이다.

30대가 20대보다 나은 또 다른 이유는 돈이다. 30대는 대부분 돈을 벌고 있다. 돈은 새로운 일에 도전하는 데 밑천이 돼준다. 부동산이나 주식을 살 수 있다는 관점에서가 아니라 새로운 기술을 배우건 새로운 사람을 만나건 새로운 경험을 하는 데 필요한 자원이 된다는 것이다.

하지만 30대의 진짜 장점은 따로 있다. 바로 '현타'(현실 자각 타임)다. 일반적으로 여성은 빠르면 20대 초중반, 남성은 20대 중후반에 취업을 한다. 그런데 사실 본격적으로 직장 생활을 하기 전까지는 내 삶에서 중요한 게 무엇인지 고민할 시간이 없다. 당장 입사에 필요한 스펙을 쌓고 면접을 준비하고 영어 점수를 따느라 바쁘기 때문이다. 내가 무엇을 좋아하고 어디에 관심을 가져야 하는지 생각해보는 일은 뒷전이다. 삶의 방향을 두고 진지한 고민을 해야 하지만 그걸 할 수 있는 상황이 되지 않는다.

그렇게 취업을 해서 2~3년 정도 일을 하고 나면 현타가 온다. '내가 이렇게 일하려고 대학생 때 그 고생을 했나?', '내가 평생 이 일을 하면서 살 수 있을까?'와 같은 고민들을 시작하는 것이다. 이 시기가 보통 20대 후반에서 30대 초반이다. 현타를 세게 맞으면 '뭐 해 먹고살지?'라는 깊은 고민의 수렁에 빠진다.

여기까지 읽다 보면 '경험과 돈은 40대가 더 많지 않나?'라는 의문이 들 것이다. 하지만 30대는 40대보다 건강하다. 체력은 새로운 시도를 할 에너지를 만들어준다. 물론 열심히 운동을 해서 건강한 40대도 있다. 하지만 다른 사람이 아닌 당신의 30대와 40대를 비교하면 당연히 30대에 체력이 좋을 것이다. 우리의 신체는 시간이 지나면서 노화할 수

밖에 없다.

또 40대에게는 보통 가족, 즉 배우자나 자녀가 있다. 책임져야 할 사람, 지켜야 할 약속도 많다. 40대는 여러 가지 면에서 나를 위해 고민하고 쓸 시간이 30대에 비해 적다.

30대는 사리분별이 가능할 정도의 경험도 있고 삶의 방향을 고민하는 계기가 될 현타도 맞았고 방황을 할 수 있는 최소한의 경제력과 체력을 가졌으면서도 오롯이 나에게 시간을 쓸 수 있는, 즉 나 자신을 진지하게 돌아볼 수 있는 최적의 시기다. 그러니 이 책을 읽는 당신이 30대라면 혹은 서른을 앞두고 있다면 그 시기를 사랑하고 아껴주길. 나는 나의 30대가 너무 좋다. 당신도 꼭 그러길 바란다.

차례

PART 1

미래가 불안해 걱정하는 당신에게
완벽하고 싶지만 아직 힘겨운 서른의 일

PART 2

갈수록 사람이 어려워지는 당신에게
혼자 있고 싶지만 외롭고 싶지 않은 서른의 관계

PART 3

새로운 태도로 삶을 바라보고 싶은 당신에게
매일 흔들리지만 애써 붙잡고 있는 서른의 마음

미래가 불안해
걱정하는 당신에게

완벽하고 싶지만 아직 힘겨운
서른의 일

첫 번째 조언

부자가 되기 위해
일하지 말 것

경제적 자유를 꿈꾸는 당신에게

,

얼마 전 SNS에서 광고를 봤다. '데이터 마케팅 공부 한 달이면 연봉을 두 배로 올려 이직할 수 있다'는 문구가 적혀 있었다(두 배는 너무 심했는지 얼마 뒤에는 연봉 앞 자리가 바뀐다는 문구로 바뀌었다). 도대체 정체가 뭘까 궁금한 동시에 조금 화가 나기도 했다. 설령 그 교육을 듣고 연봉을 두 배로 올렸다거나 연봉의 앞 자리를 바꿔 이직한 사람이 있다 하더라도 그걸 일반적 사례로 이야기할 수 있는지 의문이 들었기 때문이다.

과도하게 돈을 앞세우는 것이 비단 이 광고만은 아니다.

요즘 온라인에서는 온갖 콘텐츠가 자본주의적 환상을 심어준다. '○○만 하면 월 1,000만 원 가능!', '무자본으로 월 100만 원 벌기', '당신도 부자가 될 수 있다' 같은 슬로건을 내세운다. 유튜브에는 재테크 이야기가 넘쳐나고, 서점에 가면 돈 버는 방법을 알려주는 책들이 베스트셀러 코너를 점령하고 있다. 주식시장에 몰린 개미 투자자들이 '동학 개미 운동'을 일으키기도 한다.

이 모든 현상의 목적지는 동일하다. 경제적 자유다. 주변을 둘러보니 모두들 부의 추월차선에 올라타 있는 것만 같다. 누구는 집값이 얼마 올랐다더라, 누구는 여유 자금 털어 산 주식으로 얼마를 벌었다더라, 누구는 유튜브가 잘돼서 한 달에 얼마를 번다더라 하는 소식이 여기저기서 들린다. 모두들 돈을 번 무용담을 떠드는 걸 듣다 보니 마치 경제적 자유가 내 눈앞에 있는 것만 같다.

하지만 현실은 그렇지 않다. 아파트값은 하루가 다르게 오르고 은행 금리는 연일 최저치를 기록하고 있다. 생각지도 못한 바이러스가 창궐하면서 경기는 더욱 나빠졌다. 한 달에 1,000만 원을 버는 사람들이 수두룩한 세상에 내 월급은 아무리 봐도 작고 귀여울 뿐이다. 연봉이 조금 오른다고 해도 일을 하지 않고 살기에는 턱없이 부족한 돈이다. 이쯤 되면 궁금해진다. 정말 누구나 노력하면 부자가 될 수 있는 걸까?

•

실제로 주변에서 경제적 자유를 이룬 사람을 본 적이 있다. 대학생 시절 잠시 알고 지내다가 연락이 끊겨 오랫동안 보지 못한 지인이었다. 그와 우연한 기회에 다시 만나게 돼 술자리를 가졌다. 자산이 수십억 원이라는 그는 대학을 졸업하고 자신에게 평생 필요한 돈이 얼마인지 계산을 해봤다고 한다. 그리고 여러 가지 일을 하다 보니 좋은 기회가 찾아와 짧은 시간에 그만큼의 돈을 모두 모을 수 있었다고 한다.

이야기를 듣는데 '나는 왜 그렇게 하지 못했을까' 하는 자책이 들었다. 그와 나는 같은 하늘 아래 있지만 다른 세상에서 살고 있구나. 하지만 그런 생각도 잠시, 열등감을 가질 필요가 없다는 것을 깨달았다. 그의 성공이 보통의 30대 이야기는 아니기 때문이었다. 그의 인생은 내가 아는 수천 명 중 단 한 명의 사례일 뿐이었다.

경제적 자유, 무자본 창업, 한 달 만에 연봉 두 배 같은 타이틀은 우리를 쉽게 현혹한다. 하지만 거기에는 그보다 훨씬 거대한 책임이 필연적으로 뒤따른다. 세상에 무자본으로 되는 일은 없다. 어떤 일을 하는 데 자본이 필요 없어 보인다면 내 시간과 노동이 바로 자본이라는 뜻이다.

경제적 자유라는 신기루를 좇느라 지불한 대가가 무엇인지 생각해보자. 돈 때문에 지금 하는 일의 가치까지 잊어버린 것은 아닌가? 경제적 자유는 일의 목적이 아닌 일의 여러 결과물 중 하나다. 내 주변의 경제적 자유를 얻지 못한 수많은 사람들은 지금도 모두 열심히 일하고 있고 앞으로도 꽤 오랜 시간 일할 것이다. 그런데 그들이 모두 부자가 되기 위해 일하는 것은 아니다. 물론 그런 사람도 있겠지만 그렇지 않은 사람들이 훨씬 더 많다. 이들은 자신이 좋아하는 일을 찾고 그 일을 해나가는 과정 자체에서 보람을 얻는다.

돈이 중요하지 않다는 이야기가 아니다. 당연히 돈은 많으면 많을수록 좋다. 하지만 아무리 돈이 많아도 스스로 중심을 잡지 못하면 제대로 된 삶을 살기 어렵다. 단적인 예로 복권에 당첨되거나 큰돈을 벌고 나서 불행해진 사람들의 이야기를 언론이나 인터넷을 통해 쉽게 접할 수 있다. 경제적 자유를 얻었으나 그 밖의 것에 휘둘리며 사는 삶과 경제적 자유는 얻지 못했지만 탄탄하게 중심을 잡고 있는 삶 중 후자가 물질적으로든 정신적으로든 만족스러운 삶을 살아갈 가능성이 높다.

경제적 자유를 이룬 그 지인 역시 지금은 다시 일을 하고 있다. 이유를 물으니 자녀들에게 성실하게 일하는 부모의 모습을 보여줘야겠다는 생각이 들었다고 한다. 부자가 되기 위해 일하지 말자. 내가 원하는 일을 하고 그 일의 가치를 깨달으며 돈을 벌어야 삶이 풍성해진다.

두 번째 조언

내 마음이 하는 소리에
귀 기울일 것

퇴사가 마려워지는 때가 온다

，

A는 호주에서 워킹홀리데이를
하던 시절의 사진을 SNS에 종종 올렸다. 사진 속의 A는 노
랗게 염색한 긴 머리에 호주의 햇볕에 까맣게 그을린 얼굴
로 환하게 웃고 있었다. 한국에서 회사를 다니는 A의 짧고
단정한 머리 스타일이 떠오르면서 그가 마음속 깊이 호주
생활을 그리워하고 있다는 게 느껴졌다.

어느 날 A의 회사 근처에서 함께 점심을 먹는데 A가 뜻
밖의 소식을 알렸다. 몇 년간 고민한 끝에 조만간 회사를
그만두기로 했다는 것이었다. 게다가 그는 다음 스텝으로

그동안 일해온 분야가 아닌 요식업을 선택했다. 직접 가게를 여는 것은 아니고 가족이 운영하는 가게에 참여하는 방식으로 시작해보겠다고 했다. A는 퇴사를 선택하는 데 〈월간서른〉이 많은 영향을 줬다고 이야기했다.

A는 〈월간서른〉의 모임에 자주 참석했다. 연사들의 강연을 집중해서 듣던 A의 얼굴이 기억난다. 회사를 그만두고 요거트 가게나 햄버거 가게를 운영하는 사람들은 물론 요식업이 아닌 자기 사업을 하는 사람들의 강연에도 진지하게 귀를 기울였다. A는 그중에서도 특히 퇴사를 언제 하면 좋을지에 관한 나의 이야기에 공감했다고 한다.

●

퇴사를 비롯해 중요한 결정을 내려야 하는 '때'를 묻는 사람들이 종종 있다. 그럴 때마다 나는 이 말을 건넨다.

"마려울 때가 있을 거예요."

사실 내가 찾은 답은 아니다. 카피라이터 정철의 말이다.

회사를 다니며 퇴사에 대한 고민이 깊어져 가던 어느 날

우연히 정철 카피라이터와 식사할 기회가 생겼다. 그는 함께 일하던 광고대행사의 고문이었는데 회사를 그만두고 싶다는 내 이야기를 듣고는 딱 한마디를 건넸다. 마려울 때가 있을 거라고. 카피라이터답게 임팩트 있는 조언이었다.

뭔가로 뒤통수를 얻어맞은 듯한 느낌이 들었다. 나는 지금 마려운 건가? 사실 그렇지 않은데 마려울 시기가 왔다는 생각을 하고 있지는 않은가? 결국 아직은 때가 아니라고 판단했다. 회사 밖보다 회사 안에서 하고 싶은 일이 더 많았고 할 수 있는 일도 많았다. 그때부터 최선을 다해 일에 전념했다. 진짜 마려움을 느꼈을 때 '아, 좀 더 열심히 할걸'이라는 후회를 남기지 않고 싶었다.

그리고 몇 년 뒤 마침내 때가 왔음을 알았다. 이번엔 확실했다. 마려움을 어렴풋이 상상하는 게 아니라 지금 당장 퇴사하고 싶다는 느낌이 온몸에서 전해져 왔다. 그 순간부터 팀장에게 '저… 드릴 말씀이 있습니다'로 시작하는 사직 의사를 밝히기까지 채 일주일이 걸리지 않았다. 그렇게 7년 6개월을 다닌 회사를 퇴사 결심 2주 만에 그만뒀다.

그런데 퇴사를 언제 하는 것이 좋은지 묻는 사람들에게 '마려울 때'라고 대답하면 종종 한 번에 이해하지 못하는 경우가 있다. 과연 그때가 언제냐는 것이다. 그러면 이렇게 답해준다. '나도 모른다.'

언제 퇴사를 해야 하는지는 본인만 알 수 있다. '이따 오후 4시에 화장실에 가야지'라고 계획을 세우는 사람이 있을까? 계획이야 세울 수 있지만 4시에 요의가 찾아오리라는 보장은 없다. 본인이 원할 때마다 마려움을 억지로 만들 수 있는 사람은 없다. 계획도 없이 찾아오는 경우가 훨씬 더 많다. 자신이 원하지 않아도 그 시기가 오면 아무도 말릴 수 없다.

퇴사도 마찬가지다. 물론 스스로 '이때 퇴사할 것이다'라고 시기를 정할 수도 있다. 다른 회사에서 좋은 조건으로 제안을 받아 이직하는 경우처럼 이성적으로 퇴사를 결정할 때도 있다. 하지만 A와 나는 조금 달랐다. A와 나의 퇴사는 삶의 방식 자체를 바꾸기 위한 퇴사였다. 이런 퇴사는 머리보다는 마음이 시킨다.

•

퇴사를 결심했을 때 A와 내가 공통적으로 느낀 것이 하나 있다. 퇴사할 시기, 그러니까 마려울 때가 되면 감정적으로나 이성적으로나 차분해진다는 것이다. 홧김에 결정하지 않는다. 누가 등을 떠미는 게 아니라 자연스레 '아, 이제 퇴사해야겠구나'라는 생각이 온몸으로 느껴졌다고나 할까?

회사를 다닐 때 나는 내가 옳다고 생각하는 것을 누구에게든 거침없이 표현하는 편이었다. 맡은 일이 올바르게 진행되지 않거나 상사가 부당한 일을 지시하거나 일을 제대로 하지 않는다고 느껴지는 동료를 만나면 화가 났다. 조직이 돌아가는 양상을 이해할 수 없을 때도 속이 부글부글 끓었다. 말이 통하는 동료들이나 선배들과 함께 술잔을 부딪히며 회사 탓을 하기도 했다.

그런데 삶의 방식을 바꿀 시기가 되니 더 이상 화가 나지 않았다. 감정이 격해지거나 마음에 동요가 일지 않았다. 누군가를 비난하거나 비판할 생각도 들지 않았다. 오히려 머릿속이 차분해지고 명쾌해졌다. 회사 생활에 화를 낼 에너지를 나 자신이 성장하는 데 쓰는 게 더 합리적이라는 생각이 들었다.

회사로 향해 있던 시선을 나에게 돌리게 된 것도 그때쯤이었다. 회사라는 조직의 울타리에서 고군분투하는 게 아니라 더 넓은 세상에서 온전한 나로 살아나가야 한다고 느꼈다. 시선을 나에게로 향하게 하는 것과 퇴사를 결심하는 것 중 무엇이 먼저인지는 잘 모르겠다. 다만 한 가지 확실한 사실은 그 두 가지가 거의 동시에 일어난다는 것이다. 언제 마려움이 오는지를 깨달으려면 결국 자신을 목도해야 한다. 그리고 이 과정 자체가 꽤 건강하고 행복한 일이다.

새 출발을 앞둔 A에게 선불리 '잘될 거다'라고 이야기하지는 못했다. 요식업이 워낙 힘들기도 하거니와 내가 잘 아는 분야도 아니었기 때문이다. 그래도 이 말은 분명하게 할 수 있었다. '축하한다. 그리고 응원한다.' 퇴사 그 자체보다 자신의 마음에 귀를 기울이고 스스로에게 시선을 향하게 한 것, 비로소 자신의 마려움을 알아챈 것에 대한 축하와 응원이었다.

우리는 회사를 다니며 상사나 동료와의 갈등, 일에서 오는 스트레스, 낮은 연봉과 불만족스러운 복지 수준 등 다양한 어려움을 겪는다. 이럴 때마다 퇴사를 하는 것이 정답은 아니다. 다른 회사로 간다고 해서, 새로운 직업을 선택한다고 해서 모든 문제가 해결되는 것도 아니다. 하지만 마려워졌을 때가 바로 우리가 인생의 방향을 다시 결정해야 하는 순간임을 잊지 말자. 그때를 알아채지 못하거나 무시하면 어떻게 되는지는 다들 어릴 적에 한 번쯤 경험해보지 않았는가?

세 번째 조언

회사가 아닌
나를 우량주로 만들 것

나를 더 선명하게 만드는 일은 무엇인가?

’

　　많은 사람들이 내가 퇴사 후 어떻게 나만의 브랜드를 만들어가는지 그리고 〈월간서른〉에서 30대들의 어떤 이야기를 공유하는지 궁금해한다. 그러다 보니 종종 인터뷰 요청을 받는다. 그중 한 기업의 브랜드 사이트에 이런 제목의 인터뷰가 올라간 적이 있다. "퇴사해도 괜찮아!" 인터뷰 담당자가 정한 제목이었다. 그 제목을 본 순간 '퇴사해도 괜찮긴 하지만⋯'으로 제목을 바꿔 달라고 이야기해야 하나 싶었다. 퇴사 후의 삶이 쉽지만은 않았기 때문이다. 하지만 이내 내가 실제로 괜찮다는 사실을 깨달았다.

퇴사 직후 내 수입은 나쁘지 않았다. 직장을 다닐 때만큼, 때로는 그 이상의 수입도 기대할 수 있었다. 주 수입원은 강의였다. 마케팅 강의를 하거나 레고를 사용해 회사나 대학에서 비즈니스 워크숍을 진행했다. 〈월간서른〉의 오프라인 모임을 운영하고 기업에서 발행하는 콘텐츠의 원고를 작성하기도 했지만 그 수익이 강의와 워크숍 수준은 되지 않았다. 물론 〈월간서른〉도 성장하고 있었고 강의 외에 돈을 벌 수 있는 기회들이 많았다.

그런데 얼마 지나지 않아 코로나19 바이러스가 퍼졌다. 모든 상황이 180도 바뀌어버렸다. 사람들을 대면하는 자리가 사라졌고 기업들은 필수가 아닌 교육 커리큘럼을 취소하거나 온라인 방식으로 변경했다. 오프라인 기반의 강의와 워크숍이 자취를 감춘 것이다. 모든 기대와 계획이 수포로 돌아갔다. 수입은 코로나19 전의 절반 이하로 줄어들었고 미래가 불확실해졌다.

하지만 난 괜찮다. 게다가 행복하다. 허세를 부리거나 정신 승리를 하려는 것이 아니다. 수입이 줄어든 것은 좋지 않은 일이지만 그렇다고 해서 내 인생을 괜찮지 않다거나 행복하지 않다고 여길 이유는 없다. 이렇게 생각할 수 있는 까닭은 지금이 내가 스스로를 우량주로 만들기 위한 과정이라고 생각하기 때문이다.

한 주식 전문가가 이렇게 말했다. "주가가 내려갈 때 주식을 팔아버리는 것은 그 순간의 실패(손실)를 확정하는 것입니다. 하지만 좋은 주식은 장기적으로 본다면 결국 주가가 올라갈 수밖에 없습니다." 삶을 바라보는 태도도 마찬가지다. 지금 내가 겪고 있는 상황을 극히 단편적으로만 바라본다면 부정적으로 평가할 수밖에 없다. 하지만 더 장기적으로 본다면 앞으로 내가 살아갈 긴 인생에서 맞닥뜨린 아주 잠깐의 위기일 것이다.

●

배달의민족을 퇴사하고 백수 듀오 '두낫띵클럽'을 운영 중인 마케터 이승희 씨를 〈월간서른〉에서 인터뷰한 적이 있다. 스스로를 우량주로 만들기 위해 노력 중인 그는 요즘처럼 복잡하고 빠르게 변화하고 메시지가 많은 시대에도 흔들리지 않는 그만의 방법이 있다고 이야기했다. 바로 자신을 선명하게 만드는 일을 찾는 것이다.

회사를 다니던 시절, 그는 회사 브랜드에 매몰돼 있었다고 한다. 온라인 뉴스 기사에 회사 서비스에 관한 악플이 달리면 마치 자신을 욕하는 것처럼 느껴졌다. 인간 이승희가 아닌 배달의민족에서 일하는 이승희라는 정체성이 더 커진 것이다. 하지만 회사 밖으로 나오니 더 이상 자신은 배달의민족에서 일하는 이승희가 아니었다. 그때부터 스스로를 더 선명하게 만드는 일을 하기로 마음먹었다. 다른 사람이 아닌 나의 목소리에 관심을 가졌다. 자신에게 생명력을 불어넣기 위해 그는 자기만의 글을 쓰고 있다.

직장인이든 프리랜서든 일을 하다 보면 한 번쯤 승희 씨와 비슷한 경험을 한다. 내 이름이 아닌 직업과 직급으로 불리는 데 익숙해지고 내가 한 업무가 곧 나의 가치로 느껴진다. 성과가 기대한 것보다 좋지 않으면 쓸모없는 사람이 된 것 같은 느낌이 들기도 한다. 일이 나를 집어삼키는 것이다.

이직이든 전직이든 은퇴든 언젠가 우리는 속해 있던 조직을 나가고 일을 그만둬야 한다. 그런 변화에도 굴하지 않고 나의 주가를 우상향하게 만들기 위해서는 내가 하는 일이 아닌 나라는 주식 자체를 우량주로 만들어야 한다. 내인생이 충분히 길다는 것을 인지하고 내 삶에서 중요한 가치가 무엇인지 스스로 깨달아야 한다. 내가 잘하는 것이무엇이고 내가 행복할 때가 언제인지 알고 나의 몸과 마음을 건강하게 만들기 위해 노력해야 한다.

나 역시 나를 우량주로 만들기 위해 다양한 노력을 하고있다. 그중 하나는 글을 쓰는 것이다. 2020년 4월 5일 일요일부터 지금까지 매주 일요일 저녁 8시 이메일로 〈인간 강혁진〉이라는 글을 사람들에게 보낸다. 구독자 수백 명에게월간도 아닌 주간도 아닌 인간 그 자체로서 강혁진의 생각을 전한다. 내 생각을 사람들에게 내보이는 것이 처음에는부끄러웠지만 글 쓰는 데 재미를 붙이면서 익숙해졌다. 집필에 걸리는 시간도 점점 줄어들었다. 내 글을 통해 생각을 정리한다는 구독자, 매주 이메일을 기다린다는 구독자, 자신의 경험과 비슷한 일을 다른 시각에서 볼 수 있어 좋다는 구독자도 있다. 이 일이 언젠가 나에게 새로운 기회를 가져다줄 거라고 확신한다.

〈월간서른〉 역시 오프라인 강연을 넘어 다양한 형태로 콘텐츠를 만들고 있다. 나는 이렇게 사람들이 흥미로워할 만한 일들을 기획하는 과정에서 쏠쏠한 재미를 느낀다. 나아가 내 머릿속에서만 머물던 생각들이 구현되고 눈에 보이는 성과를 이룰 때의 쾌감은 이루 말할 수 없이 크다. 마케터든 기획자든 그 어떤 것으로 불리든지 상관없이 〈월간서른〉을 만들 때 탄생하는 즐거움을 계속 쫓을 것이다.

이 외에도 책을 읽거나 여행을 하는 등 끊임없이 아이디어를 내기 위해 영감거리를 탐색한다. 뇌세포들이 멈춰버린 것처럼 생각이 꽉 막힐 때는 성수동이나 연남동의 멋진 카페와 매장을 찾아 헤맨다. 오래된 것들과 새로운 것들이 조화를 이루고 젊은 사람들과 나이 든 사람들이 함께 머무는, 바삐 오가는 사람들과 수십 년을 머무른 사람들이 함께 숨을 쉬는 곳이다. 낯선 공간, 낯선 사람들 틈에서 느낄 수 있는 낯선 감정과 낯선 분위기를 찾아 나선다.

나를 우량주로 만들기 위한 노력은 대부분 티가 나지 않을뿐더러 거기에서 오는 성취감도 혼자만 알 수 있다. 눈에 보이는, 남들이 인정하는 성과로만 평가받는 시대에 이런 과정을 묵묵히 지속하기는 쉽지 않다. 그러나 중요한 사실은 이렇게 나를 선명하게 만드는 경험들이 계속 쌓이면 나의 가치도 언젠가 우상향한다는 것이다. 그래서 나는 오늘도 괜찮다.

네 번째 조언

건강을 일과
바꾸지 말 것

선배, 그러다 암 걸려요

위염, 역류성 식도염, 목 디스크, 손목터널증후군. 하나하나 보기만 해도 속이 쓰리고 통증이 느껴지는 질병들이다. 그런데 아마 회사 생활을 몇 년 해본 사람치고 건강검진 결과지에서 이 질병들 중 하나도 찾을 수 없는 사람이 드물 것이다. 스트레스로 인한 위염, 잦은 회식과 야식으로 인한 역류성 식도염, 컴퓨터 앞에 오래 앉아 있는 직장인들에게 오는 목 디스크 또는 거북목, 마우스를 오래 쓰다 보니 생기는 손목터널증후군.

30대 초반, 나는 우습게도 과도한 업무로 생긴 질병을 훈장처럼 여겼다. 일에 최선을 다한 결과가 내 몸에 발현되는 것만 같았고 그 정도로 열심히 일하는 스스로가 대견하기까지 했다.

과거의 나처럼 제 몸 하나 아픈 것쯤 우습게 여기고 일하는 사람들이 꽤 있다. 내 몸의 안위보다 일을 더 우선시하는 게 집념 때문인지 책임감 때문인지는 잘 모르겠지만 중요한 사실 하나는 안다. 건강보다 중요한 것은 없다는 것.

대학생 시절 국제 교류 모임에서 한 후배를 알게 됐다. 그는 대학을 졸업한 후 대기업에 다니고 있는데, 소식을 전해 듣기로는 꽤 건강하게 살고 있다고 했다. 현재 그의 별명은 '운동 소녀'다. 예전에는 운동을 열심히 하진 않았던 걸로 기억하는데 지금은 생활 패턴이 180도 바뀌어 있었다.

운동 소녀는 보통 9~10시에 잠자리에 든다. 내가 본 회사원 중 가장 빨리 자는 사람이다. 운동 소녀라는 별명에 걸맞게 그의 SNS에는 매일같이 운동하는 사진과 영상이 올라온다. 그 사진을 보면 나도 운동하고 싶어질 정도다.

운동 소녀는 술자리에도 잘 참석하지 않는데 오랜만에

모임에서 그를 만날 기회가 생겼다. 약속을 정할 때도 그는 집에 빨리 가야 한다며 늦지 않게 만나자고 채근을 해댔다. 결국 술잔을 기울이기엔 조금 이른 시간, 한남동의 한 막걸리집에서 운동 소녀를 포함한 친구 여럿이 함께 만났다. 연봉 이야기, 회사 이야기, 사는 이야기 등 다양한 화젯거리를 나누다가 건강 이야기가 나왔다.

그 당시 나는 늘 잠이 부족했다. 칼퇴근은 다음 생의 이야기라 여겼고 매일 이어지는 야근에 밤 12시를 넘겨 퇴근하는 날도 부지기수였다.

하루는 밤늦게까지 일을 하는데 정말 술이 마시고 싶었다. 친구들과 마지막 술자리를 가진 게 언제인지 기억도 나지 않았다. 그렇다고 집에 가서 술을 마시기에는 잠이 너무 쏟아졌다.

결국 회사 앞 편의점에서 500밀리리터짜리 캔맥주를 사서 뚜껑을 따고 빨대를 꽂았다. 그리고 집에 가는 길 택시 뒷좌석에서 그걸 열심히 비웠다. 희한한 구경이라도 하는 듯 올림픽대로를 운전하며 백미러로 나를 힐끔힐끔 쳐다보던 택시 기사 아저씨의 눈빛이 아직도 눈에 선하다.

야근도 많고 늘 늦게 잠드는 데다가 시간을 아끼려고 택시에서 술을 마신다는 나의 말에 운동 소녀는 잠이 부족하면 걸릴 수 있는 다양한 질병을 친절하게 나열해줬다. 그러고는 덤덤한 얼굴로 카운터펀치를 날리듯 기억에 남는 한마디를 남겼다.

"선배, 그러다 암 걸려요."

•

운동 소녀의 우려와는 달리 다행히 난 (아직) 암에 걸리지는 않았다. 대신 몇 번 크게 앓았다.

회사를 다닐 때 큰 프로젝트를 2년 연속 맡았다. 매년 6개월 이상 이어지는 브랜드 캠페인이었는데 연말에 열리는 대형 콘서트도 함께 기획했다. 콘서트가 캠페인의 피날레를 장식하는 셈이었다.

첫해에 콘서트를 무사히 마치고 썰물처럼 관객이 빠져나간 빈 객석에 앉아 '아, 이제 끝났구나' 하며 안도의 숨을 내

쉬었다. 잠시 뒤, 집에 가자고 선배들이 부르는 소리에 자리에서 일어났다. 그런데 한쪽 발을 땅에 내딛은 순간 엄청난 고통이 찾아왔다. 왼쪽 발이었는지 오른쪽 발이었는지 정확히 기억은 나지 않는다. 마치 다리가 부러진 것 같은 통증이 느껴졌다.

그 뒤로 내리 3일간 다리를 절었다. 병원에 가보니 명확하게 진단을 내릴 수 있는 수치는 아니지만 통풍이 의심된다고 했다. 그때까지 통풍은 육류나 술을 많이 섭취하는 사람에게 오는 병이라고 알고 있었다. 당시 나는 야근이 너무 많아 술은 거의 입에 대지 않았고 치킨 같은 단골 야식도 멀리했다. 그럼에도 무슨 이유에서인지 통풍에 준할 만큼 건강이 나빠졌고 몇 달에 걸친 캠페인 기간이 끝나자마자 긴장이 풀어지면서 바로 몸에 극심한 통증이 찾아온 것이다.

그다음 해에도 회사에서 같은 캠페인을 맡았다. 지난해보다 훨씬 업무량이 많아 정신이 하나도 없었다. 그해 역시 캠페인의 마지막은 콘서트였다. 쉴 새 없이 몇 달간 열심히 일을 하는 와중에도 '올해는 아프지 않았으면 좋겠다'는 생각이 불쑥 들었다.

두 번째 해의 콘서트도 무사히 끝났다. '올해도 잘 끝냈구나'라는 안도감이 찾아왔다. 지난해와 달리 신기하리만큼 아픈 곳도 없었다. 기분 좋게 하루를 마무리하고 다음 날 아침 눈을 뜨자마자 배에 엄청난 통증이 느껴졌다. 더 정확하게 말하면 잠을 자다가 통증 때문에 저절로 눈이 떠졌다. 살면서 처음 경험해보는, 생소한 부위에서 오는 통증이었다.

아픈 배를 부여잡고 스마트폰으로 검색을 했다. '복부 통증'을 찾아보자 몇 가지 병명이 떴다. 내가 아픈 부위에 해당하는 설명을 자세히 읽어보니 익숙한 병명이 눈에 들어왔다. 요로결석이었다.

그길로 집 근처 대학병원으로 향했다. 응급실에 있던 선생님이 내 배를 눌러보고 여기저기 검사하더니 병명을 확인해줬다. 짐작대로 요로결석이 맞았다. 침대에 누워 진통제와 수액을 맞고 나니 얼마 뒤 씻은 듯이 통증이 사라졌다. 초음파 사진에 결석이 있던 곳으로 추정되는 빈자리가 있었는데 아마 수액 덕분에 자연스럽게 밀려 내려간 것 같다고 했다(가끔 내 요도를 걱정해주는 사람들이 있는데 요도에는 아무 일도 없었다).

요로결석보다 더 심각한 문제는 마음의 병이었다. 프로젝트를 진행하는 도중 친할머니께서 돌아가셔서 3일장을 치렀다. 사칙으로 보장해주는 휴가는 5일이었다. 3일장이 끝나고 팀장에게 가족과 함께 하루를 더 보내도 되는지 물었는데 "안 돼. 바빠"라고 일언지하에 거절당했다.

그날 이후로도 회사에서 책임감을 갖고 즐겁게 일을 하긴 했지만 자리에 앉아 있다 보면 좋지 않은 생각이 종종 들었다. '내가 이렇게 바쁘게 살다가 죽으면 팀장은 무슨 생각을 할까?' 같은 식이었다.

얼마나 힘들었는지 회사 근처 양꼬치 집에서 의지하던 선배 H에게 이 이야기를 털어놓다가 엉엉 운 적도 있다. 그리 늦지 않은 시간이어서 식당에는 손님이 꽤 많았다. 그런 곳에서 울고불고하던 나 때문에 내 이야기를 들어주던 선배 H도 꽤 난감했을 테다(그 선배에게 이 자리를 빌어 다시 한 번 감사의 말을 전한다).

•

의도한 것은 아니었지만 회사를 다닐 때 내 몸과 마음으로 직접 사람을 나를 어디까지 몰아붙이면 고장 나는지 알아보는 실험을 했다. 아무리 에너지 드링크와 영양제를 챙겨 먹어도 이렇게 체력을 갈아가며 일하면 몸이 메시지를 보낸다. 이제 그만 좀 하라고. 그리고 결국 그렇게 버티던 회사 생활은 끝을 맞았다(물론 퇴사를 하고도 몸에 무리가 갈 정도로 일한 적이 몇 번 더 있긴 하다).

앞서 말했지만 우리 인생은 길다. 만약 내일 지구가 망한다면 몰라도 우리 삶은 꽤 오래 이어질 것이고 그 시간 동안 일하려면 건강이 가장 중요하다. '내가 이렇게 아플 정도로 열심히 일한다'고 질병을 훈장처럼 생각한다면 또는 '아직 잘 버티고 있으니 좀 더 일할 수 있다'고 생각한다면 오산이다.

우리의 몸과 마음은 정직하다. 남들보다 건강한 신체를 지녔다고 자만할 일이 아니다. 몸과 마음에 수두룩하게 생긴 빈틈을 모두 막아내며 살 수 있는 사람은 없다. 건강은 있을 때 지켜야 한다. 내 몸을 아끼고 그 몸과 오랫동안 함께 일할 수 있도록 노력하자.

다섯 번째 조언

나의 상태를
알아차릴 것

슬럼프에 빠진 30대가 해야 하는 일

，

〈월간서른〉에서 만난 다양한 사람들에게 받는 공통 질문이 있다. 바로 슬럼프에 관한 것이다. 많은 30대들이 일을 하다가 슬럼프가 올 때 어떻게 대처해야 할지 고민한다.

슬럼프란 무엇일까? 사전적 의미는 "제 실력을 발휘하지 못하는 부진 상태가 비교적 길게 계속되는 일"이라고 한다. 그러니까 내가 평소 100의 실력을 발휘할 수 있는데 80의 실력을 발휘하는 순간이 한두 번 일어나는 게 아니라 오랫동안 지속되면 슬럼프라는 뜻이다.

누구나 살다 보면 한두 번쯤 제 실력을 발휘하지 못할 때가 있다. 그럴 때는 툭툭 털고 일어나서 '다음에 잘하면 되지, 뭐'라고 생각하면 그만이다. 그런데 그 상태가 쭉 계속되면 인생이 꽤나 고달파진다. '앞으로 계속 원래 실력을 발휘하지 못하면 어떡하나' 하는 무기력과 우울함에 빠져들고 만다.

●

앞서 잠깐 언급했지만 2020년 코로나19로 인해 팬데믹이 선포되고 우리의 일상은 전부 달라졌다. 이로 인해 슬럼프를 겪는 사람들이 꽤 많다. 나 역시 마찬가지다. 2018년 1월부터 오프라인에서 〈월간서른〉을 진행하기 시작한 뒤 날이 갈수록 반응이 좋아져 2019년 12월부터 2020년 2월까지 3개월에 걸쳐서 배민아카데미의 협찬을 받았다. 외국계 스타트업과도 더 크게 행사를 해보려고 협의 중이었다. '연예인 누구를 섭외해보자', '장소는 힙하게 어디서 해보자' 같은 이야기들이 오가던 중 코로나19 바이러스가 등장했다.

처음에는 금방 지나갈 거라고 생각했다. 그런데 이게 웬걸, 하루가 다르게 확진자가 늘어나고 사태는 점점 심각해졌다. 커뮤니티나 살롱을 운영하는 스타트업들이 준비하던 모든 오프라인 행사가 취소되기 시작했다. 〈월간서른〉 역시 사정은 다르지 않았다. 〈월간서른〉과 함께하기로 했던 외국계 스타트업은 경영 악화로 정리해고까지 들어갔다. 바로 그때 나에게도 슬럼프가 찾아왔다.

나의 강점은 사람들을 만나 이야기를 나누고 그들에게 내가 만든 새로운 콘텐츠를 전달하는 것이다. 그런데 그 누군가를 만날 길이 꽉 막혀버렸다. 답답했다. 어디서부터 어떻게 해결해나갈지 막막했고 뭘 해도 흥이 나지 않았다. 오프라인 모임이 점차 온라인으로 옮겨 갔지만 온라인에서는 오프라인만의 현장감을 전달할 수 없었다. 이런 상황이 길어지니 아무것도 하고 싶지 않고 우울해졌다.

그때 떠오른 것이 바로 '알아차림'이었다. 수영을 잘 못하는 사람은 물에 들어가면 당황해서 허우적댄다. 하지만 아무리 허우적거려도 몸이 물 위로 뜨거나 헤엄을 칠 수 있는 건 아니다. 오히려 그럴수록 더 빨리 지쳐서 가라앉기만 한다. 이때 해결책은 온몸에 힘을 빼고 가만히 있는 것이다. 그렇게 몸이 수면으로 올라오면 팔과 다리를 천천히 움직여 앞으로 나아가면 된다.

슬럼프도 같은 맥락이다. 슬럼프에 빠지면 온갖 몸부림을 치기보다는 가만히 내 몸을 띄우고 천천히 앞으로 나아가야 한다. 평소에 하지 않던 여러 가지 일을 해봤자 힘만 든다. 이때 알아차림이 중요하다. 물속에서 정신을 놓고 허우적거리는 게 아니라 물에 빠졌다는 사실을 먼저 깨달아야 하는 것처럼 '아, 내가 지금 슬럼프구나'라는 사실을 알아차려야 한다. 내가 어떤 상태에 있는지 알아야 다음 스텝으로 나아갈 수 있다.

그다음 알아차려야 하는 것이 있다. 바로 '지금부터 해야 할 일'이다. 몸이 물 위로 떠올랐다면 이제 무엇을 해야 할지 알아차려야 한다. 이 단계에서는 많은 고민이 필요하다. 내가 좋아하고 잘하는 것이 무엇인지. 나는 과연 어떤 목적을 향해 나아가려 하고 있는 것인지 곰곰이 생각해봐야 한다.

내가 어떤 상태인지 그리고 무엇을 해야 하는지 이 두 가지를 알아차렸다면 마지막 단계는 실행이다. 당장 할 수 있는 일을 하는 것이다. 물 위로 떠올랐으면 다른 것은 제쳐두고 일단 팔다리를 움직여 물 밖으로 나가야 한다. 마찬가지로 먼 미래를 계산하면서 이것저것 판을 벌리는 데 에너지를 쓸 게 아니라 지금 해야 할 일에 착수해야 한다. 그래야 가라앉지 않는다.

●

다시 내 이야기로 돌아가자면 나 역시 슬럼프가 왔을 때 정말 많은 고민을 했다. 〈월간서른〉이라는 이름으로 진행하던 모든 것들이 중단되고 한 가지를 깨달았다. 이 상황에서는 내가 억지로 어떤 노력을 해도 〈월간서른〉을 기존처럼 운영할 수는 없다는 사실이었다. 그리고 생각해봤다. 내가 〈월간서른〉을 왜 하고 있는 거지?

〈월간서른〉은 '10년 후를 준비하는 30대의 모임'이라는 모토로 시작했다. 〈월간서른〉 참여자들은 강연을 통해 자기와는 다른 길을 걷고 있는 다양한 사람들의 이야기를 듣고 자신의 다음 스텝을 고민했다. 그런데 생각해보면 미래에 대한 준비를 꼭 오프라인에서만 해야 하는 건 아니었다. 영상을 통해서도 충분히 나와 다른 길을 걷는 사람들의 이야기를 전달할 수 있었다. 그때부터 본격적으로 시작한 게 바로 유튜브였다.

원래도 〈월간서른〉 유튜브 채널을 운영하긴 했다. 다만 이전에는 한 달에 한 번 강연자의 이야기를 미리 인터뷰해서 올리는 정도였다. 하지만 온라인에서 〈월간서른〉의 이야기를 선보이기로 결정한 뒤로 지금은 영상을 한 달에 열 개 이상 업로드하고 있다. 이렇게 본격적으로 유튜브 채널을 운영하기 시작한 뒤로 600명 정도였던 구독자는 어느덧 9,000명을 넘어섰다(2021년 2월 기준).

슬럼프를 이겨내는 데 중요한 게 하나 더 있다. 바로 비교하지 않는 것이다. 뭔가를 할 때 남과 자신을 비교하기 시작하면 내가 이룬 성취들이 모두 하찮게 느껴진다. 객관적으로 칭찬받아 마땅한 일마저 시시해 보인다. 구독자가 10만 명이 넘는 유튜브 채널이 심심치 않게 등장하는 세상이다. 내 가까운 지인도 70만 넘는 구독자를 가진 유튜버다. 그런 수치와 〈월간서른〉의 성적을 비교하면 자괴감에 빠질 수밖에 없다. 하지만 남과 비교할 시간에 내 채널에서 어떻게 해야 더 좋은 이야기를 만들어낼 수 있을지 고민하면 점차 앞으로 나아갈 수 있다.

앞으로도 슬럼프는 주기적으로 또는 예상하지 못한 시기에 불쑥 우리를 찾아올 것이다. 그럴 때마다 '아, 또 슬럼프가 왔구나' 하고 알아차려야 한다. 그리고 지금 당장 내가 할 수 있고 해야 하는 일에 매진해야 한다. 지금 이 순간 슬럼프를 겪고 있는 모든 30대를 응원한다. 부디 완전히 가라앉기 전에 당신의 슬럼프를 알아차리고 이겨내길.

여섯 번째 조언

나만의 속도를
찾을 것

페이스북으로 이직한 경력직이 제일 먼저 하는 실수

，

한 회사를 오래 다니면 다른 회사로 이직하기가 쉽지 않다. 이직할 수 있는 역량의 문제가 아니라 이직하는 사람의 마음에 관한 이야기다.

오래 다닌 회사를 쉽게 그만둘 수 없게 되는 과정은 주로 이렇다. 신입 공채로 입사하면 '동기'라는 무시할 수 없는 인간관계가 생긴다. 전사에 퍼져 있는 동기들은 입사 후 몇 년이 지나면 암묵적인 '빽'이 된다. 동기라는 든든한 빽은 차치하더라도 콧방귀 좀 뀔 연차가 될 때까지 회사를 다니다 보면 조직이 돌아가는 시스템에 익숙해진다. 이 회사만의 일하는 방식과 분위기에 길들여진다. 그 안에서 하기 어려운 일은 있어도 하지 못할 일은 거의 없다.

그런데 다른 회사로 이직을 하면 지금 회사에서 갖고 있던 모든 인적 네트워크와 호의적 관계, 익숙한 문화들이 사라진다. 새로운 업무 시스템과 커뮤니케이션 체계, 인적 네트워크와 일하는 방식을 모두 다시 배워야 한다. 아무리 동종 업계에서 화려한 경력을 보유하고 있어도 실력을 제대로 발휘하기까지 시간이 걸린다. 마치 태권도 선수가 종합 격투기 시합을 하러 가는 것마냥 모든 게 낯설고 어색하다. 결국 이런 어려움을 감수하느니 차라리 이직을 포기하는 게 속 편하겠다는 생각까지 하게 되는 것이다. 실제로 한 조사 결과에 따르면 이직으로 인한 스트레스가 (믿기지 않겠지만) 사별, 이혼, 이사 스트레스와 유사한 수준이라고 한다.

나 역시 회사를 다닐 때 딱히 이직을 고려한 적은 없었다. 아니, 딱 한 번 있기는 했다. 퇴사를 심각하게 고민할 즈음 '다른 회사로 옮겨보는 것은 어떨까' 하고 생각했다. 그렇게 이직을 시도해보기로 결심하고 엄청난 스트레스를 받아가며 이직을 하는 김에 이왕이면 최고의 회사에 도전하자고 생각했다.

그래서 지원한 곳이 페이스북이었다. 페이스북이 국내 최고의 회사냐고 묻는다면 딱히 그렇다고 우길 생각은 없지만 당시에는 페이스북에서라면 스트레스를 많이 받더라도 한 번쯤 커리어를 쌓아도 좋겠다는 생각이 들었다. 두둑한 연봉이 기다리고 있을 거라는 기대도 내심 있었다.

•

페이스북에 입사 지원서를 넣고 얼마 지나지 않아 모르는 번호로 전화가 왔다. 페이스북 인사 팀에서 기본적인 스크리닝을 위해 연락한 것이었다. 간단한 인적 사항과 지원 동기 등을 확인한 뒤 공식 전화 면접 날짜를 잡았다.

통화를 마친 뒤 바로 주변을 수소문했다. 관련 정보를 알 만한 사람을 찾아 면접을 준비해야겠다는 생각이었다. 운 좋게도 지인을 통해 페이스북 재직자를 소개받을 수 있었다. 사정을 설명하고 바로 며칠 뒤 만날 날짜를 정했다.

페이스북은 테헤란로에 위치한 한 고층 빌딩에 있었다. 그 건물 1층의 카페에서 그를 만나기로 했다. 먼저 도착한 나는 약간 후미진 안쪽에 자리를 잡고 기다렸다. 얼마 지나지 않아 만나기로 한 사람이 다가왔다.

외국계 회사에 다녀서인지 그에게서 자유로운 분위기가 묻어났다. 일하다 말고 날 위해 시간을 내준 그에게 감사의 인사를 하고 자초지종을 설명하며 면접에 대해 궁금한 것들을 물어봤다. 주로 내부 상황은 어떤지, 내가 지원한 부서는 어떤 분위기인지에 관한 내용이었다. 사실 뭘 물어봐야 할지 나도 잘 몰랐지만 그저 생각나는 대로 몇 가지 질문을 던졌다. 그는 내가 지원한 부서는 새로 생긴 조직이라고 설명하며 그 부서의 부서장이 어떤 사람인지 친절하게 말해줬다.

그 밖에 몇 가지 회사 문화에 관해서 대화를 나누던 중 페이스북에 입사하는 사람들에 대한 흥미로운 이야기를 들었다. 다양한 경력을 지닌 이직자들이 입사 초반에 공통적으로 하는 실수가 있다는 것이었다. 세계적인 IT 회사에 입사하는 유능한 사람들이, 그것도 10년 내외의 화려한 커리어를 가진 사람들이 무슨 실수를 한다는 걸까?

그건 바로 오버 페이스$_{over\ pace}$였다. 페이스북으로 이직에 성공한 경력자들은 각자 자신의 영역에서 실력을 인정받은 사람들이다. 그럼에도 커리어를 쌓고 싶은 글로벌 기업, 약간은 베일에 가려진 멋진 회사에 왔으니 업무를 더 잘해내야겠다는 욕심과 빨리 조직에 적응해야겠다는 초조함으로 오버해서 일하게 된다는 것이다.

그들의 마음이 이해가 갔다. 내가 지원한 부서는 광고 영업을 담당하는 곳이었다. 영업 부서는 목표와 수치를 토대로 성과를 따지는 곳이다 보니 아무리 실력이 출중한 사람이라도 입사 초기에는 '빨리 눈에 띄는 성과를 보여야겠다'는 부담감을 가질 수밖에 없었다. 이 때문에 자신의 페이스를 잃고 너무 빠르게 일하게 됐을 것이다. 그렇게 원래의 속도와 방식을 망각한 채 몇 개월을 일하고 나면 오버 페이스로 번아웃을 맞이하게 된다는 게 페이스북 직원의 설명이었다. 그는 '뒤통수를 뭔가로 세게 얻어맞은 것처럼 제정신이 돌아오면 그제야 주변을 둘러보고 자신의 속도대로 일을 하기 시작한다'고 덧붙였다.

•

30대를 맞이하는 사람들 역시 페이스북으로 이직한 사람들과 비슷한 실수를 한다. 열정과 혈기로 살아온 실수투성이 20대를 지나 30대가 되면 대단한 인생의 목표를 달성해야 한다는 압박감에 시달린다.

20대에는 뭘 해도 여유가 있다. 기본적으로 에너지도 넘치고 조금만 일에서 두각을 나타내도 "그 나이에 대단하네!"라는 이야기를 듣는다. 그런데 30대는 조금 다르다. 아무도 등 떠밀지 않아도 뭔가 빨리 보여줘야 할 것만 같다는 조바심이 든다. 그 무엇은 때로 승진이 되기도 하고 억대 연봉이 되기도 하며 내 집 마련이 되기도 한다. 연애가 되기도 하고 결혼이 되기도 하며 아이를 갖는 일이 되기도 한다.

이렇게 30대가 되면 누구나 한 번쯤 오버 페이스로 무리

해서 달리다 넘어지면서 번아웃을 겪는다. 20대의 패기만으로는 30대를 살아갈 수 없음을 깨닫는 것이다. 그래도 거기에 멈추지 않고 다시 일어나 나만의 속도대로 달리다 보면 어느새 40대를 맞이할 연륜이 쌓인다.

20대에서 30대로 막 이직에 성공한 사람들이 자신의 속도를 찾는 방법은 무엇일까? 나는 위기관리 전문가 김호 대표와의 인터뷰에서 그 답을 찾았다. 여섯 개의 질문을 던지는 이른바 '6E 이력서'를 써보는 것이다.

6E 중 첫 번째는 경험$_{Experience}$이다. 미래에 무슨 일을 하고 살지 고민할 때 가장 먼저 돌아봐야 하는 것은 과거의 경험이다. 단순히 무슨 직급이었고 어떤 회사에 있었는지가 아닌, 구체적으로 무슨 일을 했는지 프로젝트를 제시하며 경험을 정리해봐야 한다.

두 번째는 전문성$_{Expertise}$이다. 내 여러 경력 중에 특히 전문성이 높은 경험이 무엇이었는지 떠올려본다. 주변에서 인정받았던 경험일수록 업무적 전문성을 드러내는 경험일 가능성이 높다.

세 번째는 증거_{Evidence}다. 내 경험 중 전문성 있는 일이 무엇인지 정했다면 이를 증명해줄 수 있는 실제 사례를 찾아내야 한다. 특정 분야에서 전문성이 있다고 주장하려면 그에 맞는 경력을 보여주는 게 필수다.

네 번째는 노력과 교육_{Effort&Education}이다. 전문성을 쌓기 위해 어떤 교육을 받고 노력해왔는지 떠올려본다.

다섯 번째는 추천인_{Endorser}이다. 어떤 일에 도전한다고 했을 때 나를 추천해줄 사람이 있는지 생각해본다. 만약 딱히 떠오르는 사람이 없다면 앞으로 만들어야 한다. 예를 들어 김 대표는 수년간 다양한 매체에 칼럼을 기고 중인데 그 시작은 추천이었다고 한다. 한 기자가 새로 연재하는 칼럼의 저자를 찾고 있었는데 기자와 알고 지내던 컨설팅 회사 직원이 김 대표를 추천했다. 당시 김 대표는 블로그에 꾸준히 글을 쓰고 있었는데 마침 그 직원이 김 대표의 블로그를 즐겨 봤던 것이다. 이렇게 누군가의 추천을 받기 위해서는 나를 증명할 수 있는 다양한 콘텐츠를 쌓아놓는 것이 중요하다.

마지막은 교환_{Exchange}이다. 내가 가진 전문성과 기술이 과연 남들이 돈을 주고 교환할 만한 가치가 있는지 생각해봐야 한다. 내 전문성이 돈과 맞바꿀 가치가 없다면 취미일 뿐이다.

김호 대표는 6E 이력서를 쓰는 것은 결국 거울을 통해 나를 보는 일과 같다고 이야기했다. 직접 해보면 알겠지만 6E 이력서를 작성하려면 꽤 오랜 시간이 걸린다. 그러니 6E 이력서를 쓸 때는 타인에게 방해받지 않는 곳에서 조용히 나에 대한 고민을 해보는 게 좋다. 그동안 내가 무엇을 이뤘고 앞으로 무엇을 추구해야 할지 진지하게 정리해보면 번아웃이 오지 않는 나만의 속도를 찾을 수 있을 것이다.

●

그래서 페이스북 면접 결과는 어떻게 됐느냐고? 아쉽게도 지원한 부서의 디렉터와 진행했던 1차 전화 면접에서 바로 탈락했다. 페이스북에서는 광고 영업 경력을 가진 사람을 찾고 있었다. 회사 안팎에서 다양한 고객들을 만나오긴

했지만 직접적인 광고 영업 경력이 없는 내가 면접을 통과하기란 애초에 무리수였다. 이력서 경력란에 페이스북이라고 적는 설레는 상상을 잠깐이나마 해본 것으로 만족해야 했다.

그렇다고 탈락한 것을 내내 마음에 두지는 않았다. 만약 합격했다면 나도 분명 오버 페이스로 일했을 것이다. 페이스북에 입사한 다른 경력직들처럼 단기간에 성과를 보여줘야 한다는 부담감과 더불어 나에게 부족한 광고 영업 경력을 메꿔야겠다는 생각에 평소보다 몇 배는 더 무리했을 게 뻔하다. 그리고 그 결과 누구보다 빠르게 번아웃을 맞이했을지도 모른다.

내가 살아온 20대는 다른 사람들이 살아온 20대와 다르다. 나뿐만 아니라 모두가 각자의 20대를 살아왔을 것이다. 그러니 지나온 20대를 후회할 필요는 없다. 내가 살고 있는 30대를 원망할 필요는 더더욱 없다. 그저 내가 걸어온 20대의 길을 돌아보고 어떤 속도에서 숨이 차지 않는지 깨닫는 정도면 충분하다.

아무것도 이루지 못해 초조한 사람과 반대로 누군가는 20대에 괄목할 만한 성과를 이뤘을지도 모른다. 그렇다고 20대에 달성한 업적에 30대에도 취해 있어서는 안 된다. 과거의 업적은 과거의 일일 뿐 시간은 흐른다. 그러니 무엇을 이뤘든 우리는 계속 앞으로 나아가야 한다. 나만의 속도로.

일곱 번째 조언

'아닙니다' 말고
'감사합니다'를 말할 것

성과를 인정하는 작은 한마디

，

       스물아홉, 신입 사원으로 본격적인 사회생활을 시작했다. 회사 자체를 한 번도 경험해보지 않은 것은 아니었다. 공기업부터 작은 대행사까지 다양한 회사에서 인턴으로 일해봤다. 국내에 있는 회사도 있었고 프랑스 파리에 있는 회사도 있었다. 1개월만 일해본 곳도 있었고 6개월이라는 비교적 긴 시간 일했던 곳도 있었다.

  대학생 때 나는 꽤나 다듬어지지 않은(엄청난 가능성을 가진 원석 같다는 의미라기보다는 그야말로 서툴고 거친) 사람이었다. 사람들과의 관계에서나 문제를 해결하는 방식에서나 늘 저돌적이었고 누군가와 부딪히는 것을 꺼리지 않았다. 내가 옳다고 생각하는 건 남들 눈치를 보지 않고 언제나 당당하게 주장했다.

그랬던 내가 크고 작은 회사에서 다양한 경험을 하며 조직에 적응하는 법을 배워나갔다. 상사, 동료와 부드럽게 소통하는 방법부터 갈등을 해결하는 방법까지 모든 것을 자연스레 익혔다. 그 덕에 인턴이 아닌 신입 사원으로 입사한 회사에서는 조금 더 빨리, 원활하게 사람들과 가까워지고 조직에 융화될 수 있었다.

내가 사회생활에서 배운 유용한 커뮤니케이션 방법 중 하나는 겸손한 표현이었다. 좋은 성적을 거두더라도 내가 잘났다고, 내가 잘했다고 이야기하기보다는 그 성과를 낼 수 있도록 함께한 사람들을 먼저 챙기고 성과의 비결을 주변으로 돌리려고 노력했다. 그리고 그런 겸손한 태도가 직장 생활의 미덕이라 여겼다. 나뿐만 아니라 함께 일하는 동료, 선배 역시 이런 태도를 좋아했다.

•

하지만 과도한 겸손이 늘 좋은 것만은 아니다. 회사를 다니다 보면 칭찬을 받거나 칭찬할 일이 종종 있다. 그때마다 이런 대화가 이어진다.

"김 대리, 이번 기획서 좋았어."

"아이고, 아닙니다."

"박 과장, 이번 달 실적이 좋네. 수고했어."

"아이고, 아닙니다."

"서 차장, 승진 축하해."

"아이고, 아닙니다."

훈훈한 대화처럼 들리지만 계속 듣다 보면 조금 이상하다. 상대가 건넨 인사에 "아닙니다"라고 답한다. 사실 이런 대화는 회사 밖에서도 자주 일어난다. 칭찬이 어색해서인지 아니면 축하를 받는 것이 쑥스러워서인지, 겸연쩍음과 겸손이 동시에 담긴 이 표현을 우리나라 사람들은 정말 자주 쓴다.

'아닙니다'는 나 역시 회사에서 간혹 칭찬을 받거나 축하를 받을 때 무심결에 많이 쓰던 표현이었다. 한때는 부서 동료들 사이에서 '아닙니다'가 마치 유행어처럼 쓰이기도 했다. 아무리 힘든 일을 지시받아도 참고 해내야 한다는 생각에 상사의 어려운 요청에도 늘 '아닙니다'를 입에 달고 살았다.

하지만 잘 생각해보면 이 대답은 상대에게도 나에게도 좋지 않은 말이다. 칭찬하는 상대에게 '아닙니다'라는 이야기를 건네는 것이 바람직한 것일까? '아닙니다'는 상대의 인사를 받지 않는다는 의미다. 반대로 내가 칭찬하거나 축하하거나 위로를 건네는 입장이 됐을 때 '아닙니다'라는 대답을 듣는 것도 그리 유쾌하지 않다. 내가 생각하기에 충분히 성과가 있어서 인사를 건넸는데 상대가 '아닙니다'라고 답하면 그 생각이 틀렸다는 의미가 될 수도 있지 않을까?

나아가 '아닙니다'는 스스로의 성과를 인정하지 않는다는 뜻이다. 우리는 종종 자신이 한 일의 성과나 의미를 알아채지 못한다. 이럴 때 상대가 건네는 찬사의 말은 내가한 일이 그만한 가치가 있다는 객관적인 증거다. 그러니 이제부터라도 회사에서 축하나 칭찬, 위로의 말을 들었을 때 '아닙니다' 대신 '감사하다'고 대답해보면 어떨까? 이렇게 말이다.

"김 대리, 이번 기획서 좋았어."

"네, 감사합니다."

"박 과장, 이번 달 실적이 좋네. 수고했어."

"네, 감사합니다."

"서 차장, 승진 축하해."

"네, 감사합니다."

자만하라는 말이 아니다. '아닙니다' 말고 '감사합니다'라고 답하는 순간 상대가 건넨 축하의, 칭찬의, 위로의 말을 존중하고 나 자신의 성과도 인정하는 셈이 된다. 그러니 이제는 '감사합니다'라는 말을 해보자. 회사에서의 행복이 거기서 시작될지도 모른다.

여덟 번째 조언

다른 사람의 평가를
신경 쓰지 말 것

내가 하고 싶은 대로 하고 살아도 되는 이유

，

누군가 "넌 그래서 요새 무슨 일을 하는 거야?"라고 물을 때면 조금 당황스럽다. 강의를 하고 콘텐츠를 만들고 커뮤니티를 운영하고 있지만 내가 무엇을 하고 있다고 한마디로 정의 내리기는 어렵기 때문이다. 때로는 나 스스로도 내가 뭘 하는 사람인지 고민한다. 지금 하고 있는 다양한 일들의 연결 고리가 조금 느슨해 보여서 그렇다. 여러 책을 쓰고 책 관련 콘텐츠를 만들기도 하지만 그 일들이 마케팅 강의나 〈월간서른〉과 크게 연관되지는 않는다.

하지만 무엇이든 내가 즐겁게 할 수 있는 일들이라면 꾸준히 해나가려고 한다. 사람들의 눈총이 따가울수록 내가 좋아하는 일이 무엇인지 고민하고 그 일에 열중하려 한다. 주변의 시선이 의구심으로 느껴질 때마다 오래전 타지에서 만난 한 화가를 떠올린다.

다양한 전시가 열리는 파리의 퐁피두 센터 앞에는 꽤 널찍한 광장이 있다. 많은 사람들이 제멋대로 널브러져 누워 있기도 하고 삼삼오오 앉아 수다를 떨기도 하는 등 무엇을 하든 자유로운 공간이다. 아내와 여행을 갔을 때는 광장 한 귀퉁이에 앉아 근처에서 사 온 샐러드를 먹으며 사람 구경을 했다.

한번은 그 광장에서 화가가 그림을 그리는 모습을 본 적이 있다. 자기 몸만 한 커다란 캔버스를 설치하고 그림 그릴 채비를 하는 모습이 마치 버스킹을 준비하는 가수 같았다.

어느덧 화가 근처로 사람들이 모여들기 시작했다. 잠시 후 충분한 인파가 모이자 화가는 준비해온 스피커를 MP3 플레이어에 연결해 음악을 틀었다. 신나면서도 비장한 분위기의 음악이 시작되고 화가가 하얀 캔버스 위로 이리저리 팔을 휘둘렀다. 그의 손에 들린 붓은 크고 멋지게 그리고 현란하게 캔버스 위를 마구 누볐다.

그의 붓놀림에 따라 하얀 캔버스가 시커멓게 변했다가 하얗게 변했다가 다시 여러 색으로 물들었다. 그의 붓이 음악에 맞춰 흥겹게 움직이는 모습을 보던 것도 잠시, 묘한 풍경이 펼쳐졌다.

이 정도 그렸으면 무엇을 그리는지 형체가 드러날 법도 한데 화가가 그리는 그림은 아무리 시간이 지나도 도대체 무엇인지 알아보기 힘들었다. '내가 미처 몰랐던 프랑스 화가만의 화풍이 존재하는 것인가?', '내가 훌륭한 작품을 알아보지 못하는 예술 까막눈인 것인가?' 하는 불안감마저 들었다.

나만 그런 것인가 싶어 주위를 둘러보니 다른 사람들의 반응도 나와 비슷했다. 음악은 점점 끝나가고 그림을 그리는 그의 손도 점점 느려졌다. 그의 그림 그리기 퍼포먼스가 막바지에 다다른 것이다. 그러나 여전히 이게 무슨 그림인지 사람들은 알아차리지 못했다.

마침내 그가 붓을 내려놓고 등을 돌려 사람들에게 완성한 그림을 선보였다. 그의 얼굴에는 자신감이 차 있었지만 관객들은 의아한 표정을 짓고 있었다. 그러나 화가가 캔버스를 들어 올렸다가 위아래를 바꾸어 내려놓자 미심쩍게 그를 바라보던 사람들의 입에서 탄성과 환호성이 튀어나왔다. 화가의 캔버스에는 쿠바의 혁명가 체 게바라의 얼굴이 멋들어지게 그려져 있었다. 놀랍게도 지금까지 캔버스를 거꾸로 놓고 그림을 그린 것이었다.

화가가 그림을 그리는 동안 그리고 그림을 완성한 직후에도 사람들은 그를 의심했다. 대부분은 '신나는 음악을 틀어놓고 캔버스 위에 제멋대로 물감 놀이나 하는 것인가?'라고 생각했을 것이다.

하지만 화가의 생각은 조금 달랐다. 사람들이 무슨 생각을 하든 목표만 생각하고 열심히 캔버스 위에 붓칠을 했다. 만약 그가 사람들의 시선을 신경 썼다면 처음부터 보는 이들의 시선에 맞춰 그림을 그렸으리라. 하지만 그는 자신이 즐기는 방식으로 그림을 그렸다.

●

퐁피두 광장의 그 화가도 주변에서 그림을 거꾸로 그리는 게 무슨 의미가 있냐고, 제대로 된 그림을 그리는 데 집중하라는 이야기를 들었을지도 모른다. 사람들은 대부분 변화를 불편해한다. 화를 내거나 적극적으로 거부하는 사람들도 있다. 그러나 화가는 타인의 선입견이나 평가 따위는 신경 쓰지 않았다. 남들에게 익숙한 방식, 세상이 원하는 방식보다는 자신이 즐거운 방식을 선택했다.

나 역시 30대를 지나오며 다양한 일들을 경험했다. 회사를 다니면서 팟캐스트를 6년간 진행했고 틈틈이 여행도 다녔다. 마케팅을 좋아한 탓에 주말이고 평일 저녁이고 관련 모임을 찾아다니기도 했다. 강사가 되고 싶어 강사 교육을 받기도 하고 수백만 원을 주고 워크숍 퍼실리테이터 자격증을 따기도 했다. 퇴사한 뒤에도 최대한 내가 즐겁고 행복한 일들을 선택해왔다.

그런 내가 남들에게는 '쟤는 뭘 하려고 하는 거지?' 싶어 보일 때도 있었을 것이다. 실제로도 책을 쓰고 싶다고 이야기하거나 강사 교육을 듣거나 팟캐스트를 할 때 "돈도 안되는 그런 건 뭐하러 하는 거야?" 같은 핀잔을 꽤 들었다.

그 과정을 버텨내는 것이 쉬운 일은 아니다. 주변 사람들이, 특히 가족, 친구, 연인처럼 가까운 이들이 의구심 섞인 표정으로 "지금 그렇게 하는 게 맞아?", "도대체 뭘 하겠다는 거야?"라고 물어올 때는 견디기 힘들었다. 그럴 때면 '내가 무슨 부귀영화를 누리겠다고…'라며 하던 일을 포기하고 싶기도 했다.

하지만 이제는 확실히 안다. 다양한 경험을 통해 내가 하고 싶은 일에 닿고 있다는 것을. 조금 삐뚤빼뚤해 보이지만 여전히 그리고 꾸준히 나아가고 있다는 것을. 내가 원하는 내 모습에 조금씩 다가가고 있다는 것을.

김은지 대표도 〈월간서른〉 인터뷰에서 비슷한 이야기를 했다. 그는 대기업을 다니다가 퇴사한 후 NGO에 입사했다. 그리고 창업까지 도전했다. 하지만 취업하고 이직하고 창업을 하는 일련의 과정에서 만족감을 느끼기 어려웠다. 하고 싶은 일을 하는 게 아니라 그때그때 기회가 돼서 할 수 있는 일을 하고 있다는 생각이 들었다. 내가 어떤 사람인지, 내가 무슨 일을 하면 좋은지에 대한 고민 없이 기계적으로, 세상이 좋다고 이야기하는 일을 했다.

그는 모든 걸 내려놓고 6개월간 백수로 지내며 자아성찰(소울 서칭)을 하며 시간을 보냈다. 내가 무엇을 좋아하는지, 어떤 삶을 살고 싶은지 깊이 고민했다. 그리고 결국 밸런스를 찾는 것이 자신의 인생에서 가장 중요한 일이라는 사실을 깨달았다.

이 과정에서 그는 에어비앤비라는 회사를 알게 됐다. "어디에서든 소속감을 느끼게 한다_{Belong Anywhere}"는 에어비앤비의 가치가 마음에 들었다. 회사가 자신들이 만든 가치를 지키기 위해 노력한다는 데 감명받았다. 그래서 무작정 에어비앤비 싱가포르 지사에 입사했고 한국 지사를 설립하는 초기 멤버로 참여해 지사장 자리에까지 올랐다.

지금 그는 다시 창업에 뛰어들었다. 에어비앤비에서 함

게 일했던 동료들과 함께 '밑미meet me'라는 회사를 차렸다. 에어비앤비에 입사하기 전 본인이 했던 소울 서칭을 다른 사람들도 함께할 수 있으면 좋겠다는 의도에서다. 타인의 시선을 신경 쓰는 삶이 아닌, 자신의 삶을 오롯이 바라보는 사람들이 늘어나길 바라면서.

●

사실 우리는 모두 알고 있다. 우리가 끝끝내 원하던 곳에 도착한 순간 만류와 핀잔을 일삼던 사람들의 반응이 180도 바뀌리라는 사실을. 마치 화가가 캔버스를 돌려놓을 때 관객들의 표정이 의구심에서 경외심으로 바뀌었던 것처럼 말이다.

나를 평가하는 사람들은 결국 주변 사람일 수밖에 없다. 내가 어떤 길을 가고 있는지, 어떤 결과물을 만들고 있는지 내 머릿속을 열어 일일이 보여줄 수 없다. 최선을 다해 내가 하고자 하는 일을 설명한다 하더라도 그 일을 100퍼센트 이해하고 지지해주는 사람을 찾기란 쉽지 않다.

주변의 시선과 평가는 주변에 머물게 두어야 한다. 핀잔과 의구심에 지쳐 그들이 원하는 모습대로 살지 말자. 내가 하고 싶은 대로, 내가 계획한 대로, 내가 상상한 대로 살자. 다른 사람이 아닌 나에게 최선을 다하자. 내가 이루고자 하는 곳에 서는 순간 그들은 언제 그랬느냐는 듯이 박수와 경탄을 보낼 것이다.

일을 할 때는
그냥 일만 할 것

김연아는 운동을 하면서 어떤 생각을 할까?

，

일과 삶의 균형, 즉 워라밸이 지켜지고 칼퇴를 한다고 널리 알려진 회사를 다녔다. 그런데 나는 정시 퇴근은커녕 자주 밤늦게 퇴근을 했다. 때로 자정이 안 돼서 퇴근하면 보안 요원이 "오늘은 일찍 가시네요"라며 인사를 할 정도였다. 일을 못해서인지, 그저 일복이 많아서인지 이유는 알 수 없었다.

그때 나는 한참 야근을 하다가 해야 할 일이 너무 많이 남았다는 생각이 들면 머릿속이 하얘져버렸다. 이메일에 회신하는 것같이 비교적 단순한 업무를 해야 할 때는 그나

마 나왔다. 새로운 기획서를 작성하거나 CEO에게 보고할 자료를 만드는 것같이 난도가 높은 업무를 마주하면 '이 많은 일을 어떻게 다 하지?'라는 걱정과 함께 '왜 나만 이 시간까지 혼자 남아서 일을 하고 있는 거지?'라는 분노도 생겼다. 몇 시간을 일해야 집에 갈 수 있을지 계산하다가 오늘 안에 퇴근은 글렀다는 사실을 깨닫고 절망하기도 했다.

그럴 때마다 피겨스케이팅 선수 김연아의 인터뷰를 떠올렸다. 김연아 선수의 훈련 모습을 담은 다큐멘터리를 본 적이 있는데 훈련 전 몸을 푸는 김연아 선수에게 제작진이 운동할 때 무슨 생각을 하는지 묻자 김연아 선수는 이렇게 대답했다.

"생각은 무슨 생각을 해. 그냥 하는 거지."

올림픽은 4년에 한 번씩 돌아온다. 오늘 하는 운동이 4년 후에나 결실을 맺을 수 있다는 생각을 한다면 고된 훈련을 끝마칠 수 있을까? 아무리 훌륭한 선수라고 해도 4년 뒤를 떠올리며 오늘 하루를 버틸 수 있는 사람은 몇 되지 않을 것이다. 그렇기에 김연아 선수는 그날그날 끝내야 할 일에 집중했다. 자신의 생각을 4년 뒤가 아닌 운동을 하는 그 순간에 머물게 한 것이다.

●

운동을 해본 사람은 아마 김연아 선수의 말에 공감할 것이다. 나 역시 피트니스 센터에 갈 시간이 안 나면 집에서 혼자 팔굽혀펴기를 100개씩 한다. 체력이 좋은 편은 아니다 보니 팔굽혀펴기를 한 번에 100개가 아니라 30개, 20개, 20개, 30개씩 쪼개서 한다.

팔굽혀펴기를 50개쯤 하고 나면 슬슬 힘들어지고 거기서 20개를 더 하면 '그만할까?'라는 생각이 든다. 그래도 마지막 30개를 채우려고 자세를 고쳐 잡는다. 숨을 고르고 무릎을 꿇은 채 양팔을 어깨 너비로 벌려 바닥에 디딘다. 무릎을 바닥에서 떼고 팔과 가슴, 등 그리고 허벅지와 발끝에 체중을 싣는다. 남은 팔굽혀펴기 30개를 하나씩 힘겹게 해나갈 때면 아무런 생각도 나지 않는다. 오직 팔굽혀펴기 횟수만이 눈앞에 전광판처럼 떠오른다. 하나, 둘, 셋,

넷… 스물일고옵, 스으무울여어더얼, 스으물아호오옵, 서어르으은! 팔에 힘이 빠지고 근육에 고통이 더해질수록 '어떻게든 30까지 채우겠다'는 일념과 더불어 '30에 가까워진다'는 희열이 동시에 느껴진다.

그렇게 팔굽혀펴기 100개를 마치면 '오늘도 해냈구나'라는 뿌듯함이 밀려온다. 처음부터 100이라는 숫자를 떠올리며 팔굽혀펴기를 시작하면 까마득하다. '내가 무슨 부귀영화를 누리겠다고 이렇게 땀을 뻘뻘 흘리며 운동을 해야 해?'나 '다른 사람은 200개도 쉽게 하던데 100개도 못 하는 체력을 갖고 태어난 게 억울하다' 같은 생각을 하면 더더욱 답이 없다. 하지만 아무 생각도 하지 않고 그냥 가볍게 20개, 30개를 먼저 해보겠다고 생각하면 그나마 할 만하다. 그 20개, 30개가 10분 만에 100개가 된다.

●

일을 할 때도 마찬가지다. 간혹 몇 시간 뒤, 아니 몇 년 뒤를 바라보고 일하는 사람들이 있다. 앞으로 집에 가려면 몇 시간을 더 일해야 하는지, 지금 어떤 결과를 내야 몇 달 뒤에 승진할 수 있는지, 이 회사를 몇 년 다니고 다른 회사로 이직할지 계산하며 일하는 것은 4년 뒤 열릴 올림픽만 상상하며 힘든 훈련을 하는 것처럼 가혹한 일이다. 시곗바늘도 평소보다 더디게 가는 것처럼 느껴지고 그 시간까지 일해야 하는 내가 불쌍해진다.

하지만 지금 해야 할 일을 일단 하나씩 해치우겠다고 생각하면 이야기가 조금 달라진다. 이 일이 어떤 결과를 가져올지 계산하지 않고 내 앞에 놓인 일을 그냥 하는 것이다. 먼저 수신함에 쌓인 메일을 확인하고 적절하게 회신한다. 메일을 모두 읽었으면 그다음 보고서를 처리한다. 그렇게 빨리 처리해야 하는 일부터 정리하며 해야 할 일들에 집중하다 보면 눈 깜짝할 새 퇴근할 시간이다. 그리고 그런 퇴근이 쌓이다 보면 어느덧 베테랑이 된 자신을 발견하게 될 것이다.

열 번째 조언

축구장에서는 축구공이 아닌
축구 선수가 될 것

시키는 일을 나의 일로 만드는 방법

，

       직장인 친구에게 회사 이야기를 들었다. 친구가 다니는 회사의 모기업에서 임원으로 일하던 사람이 이번에 친구 회사 CEO로 임명됐다는 것이었다. 그 CEO는 은퇴하기 전에 쉬었다 가는 셈치고 온 거라 생각해서, 새로운 사업을 하려고 하지 않는다고 했다. 그런데 그 밑의 임원들은 자신의 임기를 연장하려고 새로운 사업을 추진하며 일명 '광'을 팔려는 욕심에 차 있다고 했다. 게다가 회사의 사업 구조가 안정적이라 조직 구성원들은 어떻게 해서든 새로운 일은 안 하려고 노력하고 있다고 했다. 이야기를 듣다 보니 가슴이 답답해졌다. 이 회사 구성원들이 마치 축구장의 축구공 같다는 생각이 들었기 때문이다.

축구 경기는 전후반을 합쳐 90분 경기로 진행된다. 90분 내내 감독과 선수, 관중의 눈은 축구공을 향해 있다. 축구공이 축구장 밖으로 나가면 선수는 금세 공을 다시 가져와 스로인throw-in을 한다. 공 하나가 축구장을 떠나지 않도록 선수 스물두 명이 안간힘을 쓴다.

축구에서 축구공이 축구장 밖으로 떠나 있는 걸 원하는 사람은 아무도 없다. 축구공 없는 축구장은 상상할 수도 없다. 축구공은 아무 일을 하지 않아도 경기장 안에 안전하게 머문다. 그러니 축구공 입장에서는 경기의 주인공이 본인이라고 생각할지도 모른다.

하지만 정말 그럴까? 축구가 진행되는 90분 동안 축구공은 여기저기 굴러다닌다. 감독과 선수들이 원하는 대로, 이선수, 저 선수의 발과 머리에 차이는 대로 옮겨 다닐 뿐이다. 축구공에게 의지는 없다. 그저 축구공을 이용해 골을 넣으려는 선수와 감독의 의지만 있을 뿐이다.

축구공은 성장하지 않는다. 크기가 작아지지도 않고 커지지도 않는다. 물론 해를 거듭할수록 탄성과 내구성이 좋아진 축구공이 새로 출시된다. 하지만 그건 축구공을 위한 일이 아니라 축구공을 차는 선수들, 더 재미있는 축구 경기를 위한 일일 뿐이다.

더욱이 축구공은 축구장 안에 영원히 머무를 수 없다. 축구공은 찢어지기도 하고 긁히기도 한다. 경기에 적합한 상태가 아니라고 판단되면 언제든 다른 공으로 교체된다. 축구장에 머물기 위해 축구공이 스스로 할 수 있는 일은 없다.

또 경기가 끝나면 아무도 축구공을 기억하지 않는다. 그 공을 차고 몰고 쫓아다녔던 열정적인 공격수와 수비수, 그 공을 온몸으로 막아낸 골키퍼, 그 공을 골대에 넣기 위해 어떻게 선수들을 움직일 것인지 고민한 감독을 기억할 뿐이다.

축구 선수는 성장한다. 더 빨리, 멀리, 정확하게 공을 차기 위해 노력한다. 그렇게 실력이 좋아지면 그에 따른 보상도 커진다. 유능한 선수의 몸값은 천정부지로 뛴다. 한국의 선수가 유명해져서 남미나 유럽 리그처럼 더 큰 무대로 진출하기도 한다. 전 세계 축구 팬들이 그 선수의 얼굴을 보고 싶어 텔레비전을 켜고 경기장을 찾는다. 유명한 축구선수나 축구 감독은 있어도 유명한 축구공은 존재하지 않는다.

●

모든 직장인이 그렇겠지만 나 역시 회사에 다닐 때 힘든 시기가 많았다. 그중에서도 내가 일을 끌고 가는 것이 아니라 일에 끌려간다는 생각이 들 때 특히 힘들었다. 반면 일이 아무리 많고 복잡해도 내 의도와 계획을 담아 일을 할 때는 힘들지 않았다. 내 머릿속에 큰 그림이 다 그려져 있기 때문이었다.

아무리 쉽고 간단한 일이라도 내가 의도하지 않은 일을 하기는 힘들다. 왜 해야 하는지, 어떻게 해야 하는지, 어떤 의미가 있는 일인지 모르고 일을 할 때는 눈을 가리고 멱살을 잡힌 채 여기저기 끌려다니는 것 같은 기분이 든다. 회사라는 축구장 안에서 축구 선수가 아닌 축구공이 돼 이리저리 굴러다니는 것이다. 나는 내 의지와 상관없이 튕겨 다니는 축구공이 아니라 두 다리로 축구장을 활보하는 선수가 되고 싶었다.

회사에서 축구공이 아닌 축구 선수가 되려면 내가 하는 일에 내 의도를 담아야 한다. 회사 일 대부분은 위에서 시키는 일이기 때문에 그 일에 의도를 담는다는 것이 말이 되지 않는다고 생각할 수도 있다. 그런데 잘 생각해보자. 상사가 지시한 일이라고 해서 하나부터 열까지 모든 게 정해져 있지는 않다. 궁극적인 목표는 정해져 있어도 그 목표를 달성하는 구체적인 방법은 정해져 있지 않은 경우가 많다. 일의 목적을 파악하고 그 일을 달성하는 과정에 나만의 아이디어를 담아보자.

나도 이 점을 깨닫고 다양한 방식으로 내 의도를 반영해 일하기 시작했다. 업무 목적에 부합하는 선에서 선배들에게 지시받은 것과 다른 방식이나 새로운 아이디어를 제안했다. 반대로 무엇을 해야 할지 정해져 있는 일에는 새로운 의미를 부여하기도 했다. 이름표를 붙이듯이 일에 내 생각을 담아 내 것으로 만들었다.

축구장과 마찬가지로 회사에는 정해진 룰이 있다. 선수가 아무리 뛰어나도 심판이나 감독이 될 수 없다. 선수에게는 선수의 일이 있다. 진정한 축구 선수는 '왜 나는 심판이 하는 일을 하면 안 돼?'라고 토라지는 게 아니라 정해진 플레이를 제대로 해내고 나아가 특출한 기량을 선보인다. 그리고 경기장에 있는 모두에게 인정받는다.

축구공이 아닌 축구 선수가 되려고 노력하자 일이 재미있어지기 시작했다. 내가 생각한 대로 일할 수 있으니 그 과정이 즐겁고 내가 잘 아는 일이니 점점 더 잘할 수밖에 없었다. 물론 일에 내 생각을 담는 게 언제나 수월하지는 않았다. 모두가 인정할 수 있도록 좋은 아이디어를 내야 했고 내게 일을 믿고 맡길 수 있도록 주어진 과제를 잘해내야 했다. 내 생각을 오해 없이 잘 전달할 수 있도록 동료들과의 관계도 좋아야 했다. 하지만 그 과정이 인정받는 축구 선수가 되는 방법이라고 생각하니 압박으로 다가오지 않았다.

●

회사를 그만둔 지금도 마찬가지다. 1인기업가, 개인사업자, 대표님 등 다양한 이름으로 불리지만 흔히 말해 나는 '프리랜서'다. 프리랜서는 일하는 방식을 스스로 결정해야 한다. 남들이 주는 일만 하는 사람이 될 것인지, 남들이 함께하고 싶은 나만의 일을 만들어낼 것인지 선택은 자신에게 달렸다.

남들이 주는 일만 하는 사람은 도태되지만 남들이 함께하고 싶은 일을 만들어내는 사람은 성장한다. 그렇게 성장하는 사람이 되기 위해서는 그 일에 나만의 생각을 얼마나 담아내느냐가 중요하다. 예를 들어 나는 〈월간서른〉을 만들어 매달 오프라인 강연을 진행할 때 어떤 사람을 섭외할지에 가장 주의를 기울였다. 오프라인 큐레이션 마켓 〈서른마켓〉을 운영할 때도 어떤 기준으로 셀러들을 선정할지를 꽤 고민했다. 글을 쓰고 책을 펴낼 때도 어떤 메시지를 독자들에게 전달할까를 가장 오랫동안 생각했다. 이렇게 늘 내가 하는 일에 내 생각을 녹여내는 데 많은 시간을 할애한다.

역사에 남을 명경기에서 사용된 축구공일지라도 축구장 밖에서는 그저 평범한 공일 뿐이다. 그를 주목하는 조명도 관중도 없다. 마찬가지로 회사 밖에서는 나에게 일을 시키는 사람도, 평가하는 사람도 없다. 모든 걸 직접 시작하고 결정해야 한다. 만약 내가 축구공처럼 타인에 의해 이리저리 치이고 차이며 회사를 다녔다면 독립할 수 있었을까? 지금처럼 스스로 뭔가를 만들며 살 수 있었을까?

내가 좋은 축구 선수인지는 나도 모르겠다. 지금 뛰고 있는 이 축구장이 작은 시골 학교 운동장의 흙바닥인지 잔디가 깔린 월드컵 경기장인지도 잘 모르겠다. 그러나 적어도 한 가지 사실은 확실히 알고 있다. 늘 노력하는 축구 선수로 살아가고 있다는 것 그리고 앞으로도 그렇게 살아야만 한다는 것.

누군가의 발길질에 움직이는 축구공이 될 것인지, 힘껏 발을 내딛는 축구 선수가 될 것인지는 스스로 결정해야 한다. 당신은 축구공으로 남을 텐가, 아니면 축구 선수가 될 텐가?

열한 번째 조언

무엇을 그만둘지
먼저 결정할 것

내가 원하는 것을 나도 모를 때

,

"내가 원하는 것을 나도 모를 때." 책 제목이기도 한 이 글귀가 이 책을 쓰고 있는 내 마음을 대변하고 있는 듯하다. 원하는 일을 찾으라고 내내 말했으면서 정작 나는 내가 원하는 것을 모른다니?

정확히 말하면 나는 지금 앞으로 뭘 하고 살아야 할지 고민 중이다. 뭘 하든 먹고살 수는 있다. 하지만 중요한 건 무엇으로 먹고살지를 정하는 일이다. 월급을 받을 때도 '뭐 해 먹고살아야 하나?'라고 고민했는데 회사를 나와서도 같은 고민을 해야 하다니 억울하기도 하다. 사실 먹고사는 문제는 언제 어디에서나 누구에게나 관심을 끄는 화두다. 아무리 돈이 많은 사람들도 모이면 요즘 돈 되는 게 뭔지 궁리하느라 바쁘니 말이다.

사업을 하다 보니 어떤 일이 큰돈을 벌어다 주는지 대충 예상할 수 있게 됐다. 하지만 문제는 그와 별개로 하고 싶은 일이 너무 많다는 것이다. 그중에 딱 하나를 고르기가 너무 어렵다. 재미있는 일들을 하며 살고 싶은데 하고 있는 일 하나하나가 모두 재미있다. 아니 어쩌면 재미있는 일들만 하고 사는지도 모르겠다. 마케팅 강의를 한다든가, 〈월간서른〉 모임을 기획한다든가, 〈서른마켓〉에 다양한 셀러를 섭외하고 판을 벌린다든가, 유튜브에서 매주 다른 인터뷰이들을 만나 이야기를 나눈다든가, 일주일에 한 번씩 〈인간 강혁진〉을 이메일로 보낸다든가 하는 일이 모두 재미있다. 일본어와 프랑스어, 중국어도 배우고 싶다. 운동도 더 열심히 잘하고 싶다. 베란다 한켠에 방치해둔 기타도 다시 꺼내 배우고 싶다.

그동안은 하고 싶은 일들을 최대한 많이 해왔다. 그리고 수많은 일을 동시에 하면서 희열을 느꼈다. '와, 내가 이 많은 걸 해나가고 있다니!'라며 스스로의 능력에 감탄하기도 하고 내심 젠체하고 싶기도 했다. 회사나 조직의 도움 없이도 이만큼 해낼 수 있다는 걸 여러 사람에게 증명하고 싶었다. 하지만 하고 싶은 일을 모두 하기에는 시간과 체력이 부족했다. 함께 일할 파트너를 구해보기도 했지만 역부족이었다. 너무 많은 걸 하겠다는 결심은 결국 아무것도 제대로 해내지 않겠다는 말과 같았다.

●

　대학생 시절에도 그랬다. 한번은 한 학기 23학점을 월요일을 제외한 4일에 몰아넣어 시간표를 짰다. 학교 수업이 없는 월요일에는 종일 진행되는 브랜드 교육 프로그램에 참여했다. 프로그램에서 요구하는 개인 과제와 팀 과제를 수행하려면 꼬박 이틀이 소요됐다. 마케터 외부 활동과 공모전에 참여하고 교내 취업 동아리 회장도 맡았다. 거기에 청춘의 특권인 연애까지 했다.

그렇게 한 학기를 지내며 흔히 말하는 스펙을 쌓을 수 있었다. 학점은 3점대를 받았고 공모전에서 크고 작은 성과를 거뒀고 외부 활동 수료증도 두어 개 받았다. 문제는 어느 것도 특출 나게 잘해내지 못했다는 사실이었다. 모든 걸 나쁘지 않게 해냈지만 내가 원하는 만큼의 성과를 이뤄낸 것도 아니었다.

결국 나는 전략을 바꿨다. 선택과 집중을 해 내가 진짜로 원하는 일에 도전하기로 했다. 그러기 위해서는 우선 그동안 하고 싶었던 일을 멈춰야 했다. 하고 싶은 일을 시작하기 위해 하고 싶었던 일을 멈추다니, 어릴 적 부모님이나 선생님께 들었던 단골 멘트인 '무릎 꿇고 서 있어!'(기인열전을 바라는 건가?), '문 닫고 나가!'(문 닫고 창문으로 나가야 하나?) 같은 말처럼 앞뒤가 맞지 않아 보일 수 있겠다. 하지만 하고 싶은 일에 집중하기 위해서는 반드시 하고 싶다고 착각해온 일을 그만둬야 한다. 한번 해볼까 싶어 벌려둔 일들을 멈춰야 내가 원하는 뭔가를 할 수 있다. 더 정확히 말하면 모든 것을 멈춰야 진짜로 하고 싶은 것이 생각난다.

그렇게 나는 휴학을 했다. 학교 공부도, 외부 활동도 모두 관두고 평소 지켜보던 몇 개 회사에 인턴으로 지원했다. 그렇게 잠시 멈추는 시간을 가지자 정말 하고 싶은 것들이 눈에 들어왔다. 인턴으로 직접 일을 해보니 내가 좋아하는 분야가 무엇인지 더 확실해졌다. 그리고 복학 후에는 휴학 중 관심을 뒀던 외부 활동에 참여했다.

　지금도 하고 있는 일 중에서 멈출 수 있는 것들은 모두 멈추려고 한다. 어떤 일을 계속해 나가고 하지 말아야 할지, 무엇을 새로 시작해야 할지 알아차리기 위해서다. 멈추지 않으면 이런 생각을 할 겨를이 없다. 그저 쳇바퀴 굴러가듯 굴러갈 뿐이다. 시도와 중단을 반복하는 것만이 인생에서 진짜 하고 싶은 일이 무엇인지 찾아줄 수 있다. 뭔가를 하고 있다면 잠시 멈춰 뒤를 돌아봐야 하고 멈췄다면 다시 앞으로 달려야 한다.

　뭘 하고 싶은지 모르겠다면 잘 생각해보자. 지금 당신에게 필요한 것은 열심히 달리는 것인가, 멈추는 것인가?

열두 번째 조언

내가 필요한 순간을
놓치지 말 것

5만 원권이 제일 오래 쓰이는 이유

，

프리랜서, 특히 강사로 활동하다 보면 기업이나 단체에서 강의 문의가 들어온다. 강의료는 주최 측마다 천차만별이어서 시간당 몇만 원을 주는 곳이 있는가 하면 수백만 원을 (아직 받아본 적은 없지만) 주는 곳도 있다.

프리랜서들이 모이면 이야기하는 단골 주제 중 하나가 바로 강의료다. 특히 낮은 금액을 제시하는 강의라도 갈 것인가 아니면 높은 강의료를 제시하는 곳만 갈 것인가 하는 문제를 두고는 강사들 사이에서도 의견이 갈린다. 낮은 금액을 제시하는 곳이라도 성실하게 강의에 임하며 천천히 몸값을 올려가야 한다는 주장이 있는가 하면 적게 일하더라도 특정 금액 이하는 수락하지 않는 것이 좋다는 주장도 있다. 저렴한 가격으로 한번 일하기 시작하면 몸값이 낮은 사람으로 시장에서 소문이 나고 결국 계속해서 낮은 보수의 일만 하게 된다는 이유에서다.

둘 다 맞는 이야기이지만 둘 다 틀린 이야기이기도 하다. 낮은 보수로 강의를 시작하더라도 높은 보수를 받는 강사가 되기도 하고 큰돈만 받으려다가 결국 강의를 몇 번 못하는 강사도 있기 때문이다. 그러나 '몸값이 높은 강사'가 돼야 한다는 것에 이견을 갖는 사람은 없다.

몸값이 높은 사람이 돼야 하는 이유는 뭘까? 한국은행이 2019년 권종별 지폐의 수명이 얼마나 되는지 조사했다. 조사 대상은 1,000원, 5,000원, 1만 원, 5만 원권이었다. 유통 수명이 가장 짧은 지폐는 5,000원권이었다. 5,000원권은 평균 49개월간 쓰이고 폐기된다. 1,000원권은 53개월간 사용된다. 그에 비해 1만 원권은 127개월 쓰인다. 그렇다면 5만 원권의 유통 수명은 얼마일까? 무려 162개월이다.

금액이 큰 지폐일수록 쓰이는 기간은 길어진다. 사람들의 손을 덜 오가다 보니 훼손될 가능성이 낮기 때문이다. 실제로 찢어지거나 낙서가 된 1,000원짜리 지폐는 자주 볼 수 있다. 반면 1만 원권이나 5만 원권은 상대적으로 깨끗하다. 특히 5만 원권의 경우 다른 권종에 비해 저장 수단으로 쓰이는 경우도 많다고 한다. 실제로 사용하는 게 아니라 만일의 사태에 대비해 안전한 장소에 보관하는 것이다.

어찌 보면 프리랜서의 강의료도 이 원리와 비슷하다. 낮은 보수를 받는 일을 많이 하는 사람은 콘텐츠가 금방 소진돼 오래 버틸 수 없다. 실제로 대다수 프리랜서들의 목표는 시간당 강의료를 높이는 것이다. 단순히 적게 일하고 많이 벌겠다는 목적이 아니라 적게 일해야 더 좋은 강의를 할 수 있기 때문이다. 좋은 강의를 하기 위해서는 그만큼의 투자가 필요한데 강의를 하느라 바쁘면 그럴 시간이 없다. 그리고 강의가 좋을수록 나를 원하는 곳이 많아진다. 1,000원이나 5,000원짜리 지폐처럼 자주 쓰이기보다는 1만 원이나

5만 원권처럼 가끔 쓰여야 오래갈 수 있다.

●

몸값을 높이는 것의 중요성은 비단 프리랜서만의 이야기
는 아니다. 직장인도 마찬가지다. 자신의 가치가 높아져야
회사에서도 더 오래 잘 살아남을 수 있다. 그렇다면 어떻게
몸값을 높일 수 있을까? 회사에서든 업계에서든 몸담은 분
야에서 꼭 필요한 사람이 되면 된다.

최근 나는 글을 쓸 일이 부쩍 늘어났다. 〈인간 강혁진〉뿐
만 아니라 네이버 오디오 방송 대본, 오디오북 대본, 단행본
원고까지 써야 할 글이 많으니 자연스럽게 글감도 더 많이
필요해졌다. 그래서 친구와 수다를 떨거나 운전을 하거나
샤워를 할 때 등 일상생활에서 글감이 갑자기 떠오를 때마
다 메모를 하게 됐다. 노트에 펜으로 떠오른 단상을 적어두
기도 하고 스마트폰에 음성인식으로 메모를 남기기도 한다
(지금 이 글도 강변북로를 운전하며 음성인식으로 기록한 메모가
토대다).

'내가 언제부터 이렇게 열심히 글감을 수집했던가?' 하고 생각해보면 웃음이 나기도 한다. 대단한 작가는 아니지만 열심히 쓰는 작가는 되고 싶은 모양이다. 때로는 온갖 방법으로 난잡하게 메모를 하고 그 메모가 어디 있는지 찾는 모습이 스스로 한심해 이게 뭐 하는 짓인가 싶기도 했다. 제대로 된 작가라면, 메모법이 정돈된 사람이라면 효율적으로 글감을 정리했을 텐데 그야말로 닥치는 대로 우왕좌왕하며 정해진 법칙도 없이 메모하는 내 모습이 답답했다. 이래서야 좋은 작가가 될 수 있을까 하는 고민에 빠져 있을 때 문득 오래전 봤던 축구 중계가 생각났다.

경기에서 선수가 골을 기록했다. 그런데 발이나 머리를 이용해서가 아니라 다소 우스꽝스러운 자세(허리 아니면 등이었던 것 같다)로 골을 넣었다. 일반적으로 골을 넣을 때 잘 사용하지 않는 부위였다. 그 광경을 지켜보던 중계진 중 한 명이 재미있어하며 '제대로 골을 넣었다기보다는 억지로 욱여넣었다'고 이야기했다. 그러자 함께 중계를 하던 해설자가 말했다.

"이런 게 바로 스트라이커입니다. 발이나 머리로만 넣어야 스트라이커가 아닙니다. 스트라이커라면 골이 필요할 때 어떤 방법으로든 골을 넣을 수 있어야 합니다."

인상 깊었던 멘트였는데 몇 해를 잊고 살아왔다. 메모도 마찬가지였다. 멋진 만년필로 고급스러운 양장 노트에 하든 카페 테이블 위에 놓인 냅킨에 볼펜으로 하든 머릿속에 떠오른 글감을 기록해두는 것이 중요하지 어떻게 메모를 하는지가 중요한 게 아니었다.

내 메모가 한심한 것이 아니라 좋은 작가가 돼가는 과정임을 깨닫고 더욱 틈나는 대로 메모를 하기로 마음먹었다. 전단지 뒷면에 대충 끼적인 보잘것없는 메모가 나중에 어떤 글이 될지는 아무도 모르니 말이다.

글을 써야 할 때 영감이 돼주는 것이 메모의 역할인 것처럼 지금 하는 일이 조금은 어설프고 우스꽝스럽게 느껴질지라도 결정적인 순간에 골을 넣는 것이 스트라이커의 역할이다. 발로 넣든 등으로 넣든 자신의 골로 경기를 유리하게 만들어나가면 몸값이 높은 스트라이커가 될 수 있다.

마찬가지로 지금 내가 하고 있는 일이 1,000원짜리만큼 보잘것없고 비효율적인 일이라고 느껴지더라도 자신의 쓸모를 잊지 않고 어떻게든 골든 골을 넣으려 시도해야 한다. 1,000원어치의 노력이 쌓여 1만 원, 5만 원이 된다. 이렇게 나를 필요로 하는 순간에 어떤 방법으로든 제 역할을 해내는 것만이 몸값을 올리고 오래 살아남을 수 있는 방법이다.

열세 번째 조언

약점을
외면하지 말 것

강한 사슬의 약한 고리

，

　　　　　　　　최근 들어 몇몇 기업의 안타
까운 소식을 들었다. 스타트업 A는 어려운 경제 뉴스를 쉽
고 재미있게 설명하는 이메일을 보내며 Z세대들의 큰 인기
를 얻고 있다. 그런데 광고가 포함된 이메일을 보내면서 제
목에 '광고' 표기를 제대로 하지 않았다는 이유로 큰 질타
를 받았다.

　　스타트업 B는 여행 콘텐츠를 소개하는 회사다. 인스타그
램과 페이스북 등의 SNS에서 팔로워가 많다. 그런데 직원
이 부적절한 글을 공식 계정에 실수로 올리는 바람에 이미

지가 실추됐다. 팔로워들의 비판을 받은 건 물론 브랜드 이미지에도 큰 타격을 입었다.

멀티플렉스 영화관 C는 모 지점에서 일본 애니메이션 라이브 상영회를 개최했다. 이때 한 아르바이트생이 무대 뒤편에서 해당 상영회의 관객들을 비하하는 발언을 했는데 마침 마이크가 켜져 있어 현장에 있던 모든 관객들이 그 말을 들었다. 뒤늦게 관객들에게 사과 메시지를 보내긴 했지만 관객들의 상한 마음을 되돌리기에는 역부족이었다.

소비자들에게 긍정적인 평가를 받고 있던 기업들이 한순간에 이미지가 추락했다. 어떤 브랜드는 이로 인해 사업적으로 꽤나 큰 타격까지 받았다. 당장은 큰 손실이 없다 하더라도 많은 사람들의 머릿속에 브랜드에 대한 부정적인 이미지가 심어지기에는 충분한 사건이었다. 이런 사례들을 보며 떠오르는 영어 문장이 하나 있었다.

"A chain is only as strong as its weakest links."

해석하자면 '아무리 강해 보이는 사슬이더라도 그 사슬의 가장 약한 고리가 전체 사슬의 강도를 결정한다'는 의미다. 기업에 적용해본다면 '아무리 거대한 브랜드라 하더라도 그 브랜드의 가장 취약한 부분이 전체 이미지를 결정한다'고 해석할 수도 있을 것이다. 이 문장은 앞서 언급한 회사들에만 해당되는 이야기는 아니다. 어떤 기업이든 늘 자신들의 취약한 사슬이 어디인지 찾고 그 부분을 보완하는 노력을 해야 한다.

•

가장 약한 사슬 이야기는 개인에게도 마찬가지로 적용된다. 아무리 평판이 좋은 사람도 단 한 번의 부적절한 언행으로 그간 쌓아온 모든 긍정적인 이미지를 잃을 수 있다. 평생 갈 것 같았던 끈끈한 사이가 가벼운 말실수 한마디에 깨져버리기도 한다.

모두가 '잘하기 위해서' 노력하는 시대다. 경쟁에서 이기기 위해, 더 많이 팔기 위해, 더 많은 사람들에게 알려지기 위해, 더 높이 올라가기 위해 노력한다. 오로지 자신들의 강하고 잘난 부분, 경쟁에서 이길 수 있는 요소만을 강조하려 노력한다. 그러다 보니 자연스럽게 자신의 약한 부분에는 신경을 쓰지 않는다.

약한 부분은 본질적인 요소들일 때가 많다. 법을 지키거나 신념을 지키거나 윤리를 지키는 일들처럼 말이다. 돈을 벌고 유명세를 얻고 좋은 자리를 얻는 데 눈이 멀어 기본적으로 지켜야 하는 일들에 소홀해지는 것이다.

이런 약한 부분은 원래부터 갖고 있는 것이 아니다. 아르바이트든 직장 생활이든 어떤 일을 시작했을 때를 떠올려보자. 처음부터 내 마음내로 일을 하진 않았을 것이다. 실수를 할까 봐 배운 대로, 매뉴얼대로 처리했을 테다. 하지만 점점 실력이 쌓이고 긴장이 풀리면서 하나둘씩 절차를 생략하게 되지는 않았는가?

SNS가 발달하고 정보가 빠르게 공유되는 시대다. 온라인 커뮤니티에 올라온 게시물이 몇 시간도 지나지 않아 빠르게 뉴스로 만들어진다. 나에 대한 부정적인 평가 역시 주변 사람들의 그룹 채팅방을 통해 순식간에 퍼져나갈 수 있다. 즉, 지금은 빠르게 성장할 수 있는 시대인 동시에 빠르

게 몰락할 수 있는 시대라는 것이다. 은연중에 가볍게 생각
했던 나의 약한 부분들이 스스로의 발목을 잡는 순간이
올 것이다.

경력이 쌓일수록 장점과 강점을 드러내는 데 집중하기보
다는 단점과 약점이 무엇인지 점검하는 데 힘을 쏟아야 한
다. 당신이라는 브랜드가 지닌 사슬의 강도를 결정짓는 가
장 약한 부분이 무엇인지 곰곰이 생각해보자. 그리고 그
약점을 찾았다면 반드시 튼튼하게 보완하자. 그것이 당신
을 높은 곳으로 이끌지는 않겠지만 당신을 높은 곳에서 끌
어내릴 한순간을 막아줄 것이다.

열네 번째 조언

포장할 만한 알맹이를
단단하게 키울 것

퍼스널 브랜딩보다 더 중요한 일이 있다

,

지인 B는 다니던 회사를 곧 그 만둘 예정이라고 했다. 지금 직장에서는 딱히 성장한다는 느낌이 들지 않고 이전 직장에서 배운 것을 바탕으로 일을 해나가고 있다는 생각이 든다고 했다. 그래서 이제는 조금 더 뭔가를 배울 수 있는 곳으로 가고 싶다고 했다.

B는 다른 회사에서 이직 제의까지 받았지만 사실 자기가 하고 싶은 일은 따로 있었다. 다양한 경험을 하는 자신의 모습을 영상으로 만들어 퍼스널 브랜딩Personal Branding을 해보는 것이었다. 그 이야기를 듣고 나는 B에게 물었다.

"그래서 뭐 하는 사람이 되고 싶어요?"

B가 잠시 고민하더니 대답했다.

"음… 사실 그걸 잘 모르겠어요."

B는 업무 특성상 유명한 마케터나 작가를 만날 기회가 종종 있었다. 그들이 자신의 이야기를 여러 사람들에게 멋지게 전하는 모습을 지켜보면서 자신도 SNS를 통해 유명해지고 싶은 마음이 생겼다.

그런 B의 모습이 조금 걱정돼 조심스럽게 조언을 건넸다. 지금 그가 보고 있는 화려한 모습 뒤에는 수년 또는 수십 년에 걸친 노력과 과정이 있었을 것이며 단순히 누군가의 결과물만 보고 섣불리 그 일을 따라 하는 것은 독이 될 수 있다고. 평소 좋은 마케터가 되고 싶다고 이야기해온 그였기에, 지금 이직 제안을 받은 회사에서 좋은 경험을 쌓는 것이 훗날 자신을 유명하게 만드는 데 더 도움이 될 것 같다는 이야기도 함께 전했다.

B와 만난 후 나는 또 다른 지인 C에게 그의 직장 후배에 대한 이야기를 들었다. 후배에게 팀에서 좋은 기회를 계속

주고 있는데 그 기회를 자신의 것으로 만들지 못하고 있다는 것이었다. 후배는 근무 태도도 불량하고 자기 업무에 최소한의 책임감도 없어 보였다. 그런데 회사 일에는 별 관심을 가지지 않던 C의 후배가 외부 활동을 비롯한 퍼스널 브랜딩에는 많은 노력을 쏟고 있었다. 특히 SNS에서 자신을 표현하는 데 혈안이 돼 있었다. C는 그 후배와 즐겁게 일을 하기가 점점 힘들어진다고 했다.

퍼스널 브랜딩이란 말 그대로 자신을 브랜드화해 다른 사람들이 자연스럽게 그를 떠올리도록 만드는 것이다. SNS에서 인기를 얻고 있는 인플루언서들의 화려한 모습을 보며 자신도 퍼스널 브랜딩으로 돈을 벌겠다고 이야기하는 사람들을 종종 만난다. 그런데 정작 그 사람들에게 "당신의 브랜드가 무엇인가요?"라고 물으면 "그걸 잘 모르겠습니다"라는 대답이 돌아온다.

●

유명한 것으로 유명해진 몇몇 인플루언서처럼 성공을

하는 데 퍼스널 브랜딩이 최우선 순위라고 생각하는 분위기가 만연해 있다. 하지만 나는 생각이 조금 다르다. 나를 그럴 듯하게 포장하기 전에 나에게 포장할 만한 것이 있는지를 고민하는 일이 먼저다.

요즘 사람들은 '진짜'와 '가짜'를 구분하는 능력이 탁월하다. 사람들에게 인정받고 싶다면 먼저 진짜가 돼야 한다. 물론 진짜가 됐다고 모두 유명해지는 것은 아니다. 하지만 적어도 유명해지고 싶다면 그래야 한다.

가짜가 진짜 행세를 하다가는 금세 바닥을 보이기 쉽다. 뒤에서 몰래 광고비를 받고 제품을 홍보한 유명 연예인부터 사람들을 감동시킨 성공 스토리가 전부 조작이었던 것으로 밝혀진 유튜버까지 거짓 뒤에 숨어 있던 진실이 밝혀져 모든 것을 잃은 사례는 흔하다.

그렇다면 어떻게 진짜가 될 수 있을까? 진짜가 되려면 결국 실제로 유능해지는 수밖에 없다. 진짜가 되는 첫걸음은 내가 얻고자 하는 성과, 도달하고자 하는 수준과 현재 내 위치의 간극을 인지하는 것이다. 이 둘 사이의 거리를 알아야 차이를 메꾸기 위한 현실적인 방법을 고민하게 된다. 그 뒤 꾸준한 노력을 통해 자신의 분야에서 전문성과 인사이트를 차근차근 쌓아야 한다.

너무 뻔한 이야기 아니냐고? 이 당연한 이치를 사람들은 자주 잊어버린다. 한 살이라도 어릴 때 인정받고 싶은 마음 때문이다. 빨리 유명세를 얻고 싶다는 조급함에 져버리면 정도를 걸을 수 없다. 꼼수를 부리고 성과를 부풀려서라도 하루빨리 원하는 위치에 도달하려는 욕심이 생긴다. 결과가 보장되지 않은 일에는 시간과 노력을 쏟지 않게 된다. 하지만 아무리 퍼스널 브랜딩을 잘해서 전문가로 인정받더라도 실력이 없으면 오래갈 수 없다.

시선은 멀리에 두되 발은 땅에 두자. 눈이 바닥을 보게 하지 말고 다리가 허공에 뜨지 않게 하자. 목표와 꿈에 취해 현실에서 해야 할 일들을 망각하지 말자.

회사 밖의 삶을
상상해볼 것

다시다가 될 순 없어

，

텔레비전에서 한 예능 프로그램을 봤다. 인기 걸그룹 소녀시대의 써니와 유명 가수 보아가 함께 저녁 식사를 하는 장면이 나왔다.

오랜만에 컴백을 앞둔 보아와 한동안 가수 활동을 하지 않은 써니. 보아는 써니에게 다시 노래할 생각이 없는지 물었다. 그러자 써니는 "자신에게 노래는 숙제 같은 것"이라고 답했다. 긴 시간을 가수로 살아왔지만 어떤 음악을 해야 할지 모르겠다는 뜻이었다.

오랫동안 솔로 가수가 아닌 팀으로 활동하면서 써니는

팀에 필요한 목소리를 내기 위해 노래해왔다. 이제 드디어 온전히 자신의 목소리만으로 한 곡을 채우려고 하니 주변에서 '심심한 목소리'라고 평을 한다고 했다. 그리고 이렇게 한마디를 덧붙였다.

"나는 다시다 같은 사람이었어."

•

우리는 집을 사거나 차를 살 때 대출을 받는다. 그 대출금에 내가 가진 현금을 더해 집이나 차를 산다. 이걸 보통 '레버리지$_{leverage}$'라고 한다. 대출을 레버리지, 즉 지렛대 삼아 내가 원하는 소비를 하기 때문이다.

직장인에게 회사는 대출과도 같은 것이다. 내가 하고 싶은 일을 하기 위해 회사가 가진 이름값과 자원을 잠시 빌린다. 평소 협업하고 싶었던 사람에게 내가 속한 기업의 이름을 대면서 만나자고 하는 것이 개인의 이름을 대고 만나자고 하는 것보다 성사율이 높다는 점을 생각해보면 이해하기 쉽다.

수억, 수십억의 예산을 들인 프로젝트를 주도하는 것도 결국 회사를 레버리지했기 때문에 가능한 일이다. 그 목적을 달성하기 위해 내 자원이 아닌 회사의 예산을 받아온 것이기 때문이다. 새로운 제품을 기획하거나 판매하는 일도 전부 마찬가지다.

하지만 대출은 갚아야 한다. 방법은 두 가지다. 첫 번째 방법은 열심히 돈을 벌어 갚는 것이다. 월급으로 받는 돈의 일부로 대출을 상환하는 방법이다.

또 다른 방법은 레버리지를 통해 취득한 자산의 가치를 키워 갚는 것이다. 예를 들자면 대출받아 산 아파트의 가격이 오르거나 대출받아 임대한 사무실에서 시작한 사업이 성공해 대출받은 돈보다 더 큰 수익을 창출하는 방법을 말한다.

대출을 상환하는 데 만기일이 있듯이 회사라는 대출 역시 무제한이 아니다. 회사에서 뭔가를 빌리는 일을 인생에서 마무리해야 하는 순간은 누구에게나 온다. 그때가 언제인지는 아무도 모르지만.

●

써니가 살아온 '다시다 인생'은 직장 생활과 비슷하다. 크고 좋은 회사에 다닐 때는 모두가 그 사실을 부러워한다. 높은 연봉과 다양한 복지 제도, 대기업이라는 타이틀이 많은 사람들의 선망의 대상이 된다.

다양한 재료가 모두 합쳐져야 맛있는 요리가 되는 것처럼 회사 안에서 내가 이뤄냈다고 생각한 일들은 사실 수많은 사람들의 노력이 합쳐져 만들어진 것이다. 여기서 문제는 내가 주재료인지 다시나인지 세대로 알 수 없을 때 생긴다. 다시다는 음식을 만드는 주재료가 아닌 맛을 더해주는 조미료다. 다시다가 들어간 요리는 맛있다. 하지만 다시다만으로 요리를 만들 수는 없다. '사실은 내가 다시다가 아닐까'라는 의문이 든 순간 지금까지 나를 지켜준 회사라는 타이틀 없이 살아남을 수 있을지 두려워진다.

그러니 내 인생에서 회사가 사라질 수도 있다는 생각을 멈추지 말고 주재료가 되기 위해 노력해야 한다. 회사 밖에서도 살아남을 수 있도록 조금씩 힘을 기르는 것이다.

회사가 없는 삶을 준비하는 것을 매일 해야 하는 숙제라고 생각해보면 어떨까? 지금 당장 사직서를 쓰고 인수인계를 준비하라는 뜻이 아니다. 만약 내가 언젠가 퇴사를 한다면 어떤 일을 할 것인지, 언제 할 것인지, 그럼 그때까지 무엇을 준비해야 하는지 생각해보고 그 계획에 필요한 능력을 키워보자는 것이다. 책을 쓰거나 유튜브 채널을 운영하는 등 사이드 프로젝트에 도전할 수도 있다.

또 다른 방법은 회사에서 쌓은 경력과 역량을 이용해 더 좋은 회사로 이직하거나 회사에서 얻은 네트워크를 활용해 나만의 사업을 하는 것이다. 자산의 가치를 높여 대출을 상환하는 것처럼 회사라는 대출을 이용해 내 가치를 증식시켜보자.

어떤 방법을 선택할지는 자유다. 만기일이 다가왔을 때 자신이 다시다에 불과하다는 사실을 알아차리는 것만큼 당황스러운 일은 없다. 다시다가 아닌 맛깔난 주재료가 된 모습을 상상하며 레버리지의 끝을 준비해보자.

PART 2

갈수록 사람이
어려워지는 당신에게

혼자 있고 싶지만 외롭고 싶진 않은
서른의 관계

우직하게
내 자리를 지킬 것

먼저 연락하지 않아도 괜찮은 이유

，

나는 스무 살에 처음 상경했
다. 서울이라는 새로운 지역, 대학이라는 새로운 공간에서
참 많은 사람을 만났다. 그들과 함께 공부하고 술잔을 기울
이고 여행을 떠났다. 때로는 다른 사람의 험담을 하기도 하
고 서로 다투기도 하고 멀리하기도 했다.

그때는 새로운 사람을 만나는 일이 마냥 즐거웠다. 많은
사람들을 알고 지내는 게 '인싸력'의 척도라고 생각했던 적
도 있다. 많은 사람을 알수록 영향력이 커지는 것 같았고
넓은 인맥이 곧 능력이라고 생각하기도 했다.

그러다 이런저런 경험을 통해 새로운 사람을 만나는 것이 겁나고 두려운 일이 될 수도 있다는 사실을 알았다. 언제나 내 편일 것 같았던 친구가 뒤통수를 치기도 하고 믿었던 사람과 사소한 일로 다투기도 했다. 잘나가는 사람을 안다고 해서 내 능력이 올라가는 것은 아니라는 사실도 깨달았다. 그렇게 20대의 인간관계는 거센 물살처럼 밀려오다가 순식간에 흔적도 없이 사라져버리길 반복했다.

30대가 되면 이전보다 훨씬 제한적인 인간관계를 갖게 된다. 카카오톡 친구 목록에는 수백, 수천 명의 연락처가 있지만 그중 자주 대화를 나누는 사람은 손에 꼽는다. 마음 편하게 한잔하자고 연락할 수 있는 사람 역시 몇 없다. 아는 사람은 많아졌지만 실제로 교류하는 사람은 얼마 되지 않는다.

얼마 전 우연히 SNS에서 흥미로운 글을 발견했다. "먼저 연락 잘 안 하는 사람의 특징"이라는 글이었다. 이런 사람들의 특징으로는 '연락이라는 것 자체에 큰 의미를 안 둠', '연락이 없어도 딱히 서운하거나 외롭지 않음', '뭔가 일이 생기면 상대가 연락할 거라고 생각함' 등이 있다고 했다. 왠지 내 이야기를 하는 것 같아 단체 채팅방에 공유했다. 생각보다 많은 사람들이 '내 이야기인 줄'이라며 공감을 표시했다. 20대에는 잠깐이라도 혼자 있으면 큰일이 날 것 같았는데 왜 30대에는 먼저 다른 사람들을 찾지 않는 게 당연해졌을까?

●

서른이 돼서 맞은 인간관계의 큰 변화 중 하나는 새로운 사람을 만날 때 여럿을 한꺼번에 만나기보다는 조촐하고 들뜨지 않은 자리에서 일대일로 맞이하는 걸 선호하게 됐다는 점이다. 요즘에는 몰랐던 사람을 처음 만나면 조용한 곳에서 내 앞에 마주 앉은 이의 마음을 집중해 찬찬히 들여다보려고 노력한다. 나 역시 상대가 천천히 내 진심을 알아봐주기를 바라며.

하지만 모두가 내 속도와 내가 원하는 방법으로 친구가 되고 싶어 하지는 않는다. 저마다 인연을 맺는 자신만의 속도와 방법이 있기 때문이다. 무작정 내가 원하는 대로 상대에게 다가가면 상대는 그 속도가 너무 빨라 부담스럽거나 반대로 너무 느려 섭섭함을 느끼고 멀어질지도 모른다.

그래서 나는 다른 전략을 선택했다. 어릴 적 가족과 놀이공원에 갔을 때 부모님 손을 놓쳐 길을 잃어버릴 것을 대비해 입구에서 만날 장소를 미리 정해두지 않았는가? 바로 그렇게 어깨에 힘을 풀고 편안한 자세로 묵묵히 내 자리를 지키는 것이다. 그러면 아쉽게 스쳐 지나간 인연을 다시 만날 가능성도 높아진다. 무심코 날 지나친 누군가가 갑자기 나를 찾을 때 내가 내 자리에 있지 않으면 그가 날 발견하지 못할 테니 말이다.

썰물이 지나간 자리에는 반짝이는 조개껍데기가 남는다. 그리고 내가 해변을 들락날락하는 바닷물이 아닌 늘 같은 자리를 지키는 바위가 되면 그 조개껍데기들을 발견할 수 있다. 내가 먼저 사람들에게 연락을 하지 않게 된 것도 이런 이치를 깨달았기 때문이다.

굳이 조급해하며 여기저기 전화해 사람을 끌어모으지

않아도 내 자리에서 가만히 기다리면 반짝이는 사람들이 나를 찾아온다. 내가 할 일은 언제든 부담 없이 이들을 받아줄 준비를 하는 것뿐이다(물론 연락이 오지 않아 상심했다면 내가 먼저 연락을 해봐도 좋다). 나만의 자리에서 나를 지나치는 사람들을 조용히 지켜보자. 그들이 내 곁으로 다가오는 순간을 놓치지 않도록.

열일곱 번째 조언

좋은 영향을 주는 사람들과
함께할 것

안 될 사람은 늘 핑계를 찾는다

，

　　　　　　　　　　　　대학생 시절 나는 학교 안팎
에서 시행하는 다양한 국제 교류 프로그램에 지원해 중국,
베트남, 일본, 미국 등 여러 나라에 방문했다. 하루는 대학
동기가 자기도 해외에 가고 싶다며 기회가 있으면 껴달라고
했다. 어려울 것 없으니 흔쾌히 알았다고 했다.

　얼마 후 교내에 해외 방문 계획을 제출하면 지원해주는
프로그램이 생겼다. 팀을 짜는데 함께하고 싶다던 친구가
생각이 났다. 같이 가자고 할 다른 지인들도 있었지만 그
친구가 먼저 말을 꺼냈던 게 떠올라(역시 하고 싶은 게 있으면

여기저기 이야기를 해줘야 한다) 함께 지원해보면 어떻겠느냐고 이야기를 꺼냈다.

"여름방학 때 학교에서 주최하는 해외 탐방 프로그램이 있던데 같이 준비할래?"

"아, 나 그때 토익 공부해야 할 것 같아."

예상 밖의 대답이었다. 갑작스러운 제안이 부담스러울 수 있겠다는 생각이 들어 자세히 설명해줬다.

"길게 가는 건 아니고 열흘 정도야. 그리고 미국 뉴욕으로 가는데 현지에서 외국인들과 대화를 나누는 게 영어 공부에 더 도움이 될걸?"

"그래도 난 토익 공부해야 할 것 같아."

당황스러웠다. 좋은 기회가 있으면 꼭 이야기해달라고 했던 친구가 할 만한 대답은 아니었다.

결국 다른 후배들과 프로그램에 지원했고 1인당 200만 원의 지원금을 받아 뉴욕, 워싱턴 D.C.로 열흘간 여행을 다녀올 수 있었다. 거절한 친구에게는 그 이후로 어떤 기회가 있어도 함께하자고 제안하지 않았다. 해외 프로그램을 같이하고 싶다고 먼저 이야기했으면서 여름방학 열흘을 빼지 못한다니. 물론 토익 공부가 그만큼 급했을 수도 있지만 열흘간 미국에 가는 일보다 토익 공부가 더 중요하다고 생각하는 건 이해하기 어려웠다. 이 일 이후로 의지가 없는 사람은 아무리 끌고 가려 해도 함께할 수 없다는 사실을 깨달았다.

대학을 졸업하고 회사를 다닐 때도 비슷한 경험을 많이 했다. 입사한 지 몇 년 안 됐을 때였다. 월요일 아침이면 팀원들끼리 지난 주말에는 뭘 했는지 안부 인사를 나눴다. 나에게도 어김없이 선배들의 질문이 돌아왔다. 여행을 다녀왔다는 내 대답이 채 끝나기도 전에 한 선배의 입에서 예상치 못한 반응이 나왔다.

"좋을 때다. 너도 애 낳아봐라."

그 선배는 애가 셋이었다. 아이를 가진 사람이거나 주변에 아이가 있는 사람들은 그 말의 의미가 무엇인지 짐작이 될 것이다. 선배 역시 평일, 주말을 가리지 않고 아이들을 돌보느라 몇 년째 여행은 엄두도 낼 수 없었을 테다. 하지만 그렇다 하더라도 여행을 다녀왔다는 후배에게 제일 먼저 할 만한 대답은 아니었다. 선배에게 '그럼 선배님은 애도 없고 결혼도 안 했을 때 여행 다니셨어요?'라고 묻고 싶었다. 하지만 물으나 마나 대답은 뻔할 것 같았다.

•

업무에서든 그 밖의 상황에서든 난관을 맞닥뜨렸을 때 "이건 이래서 안 돼", "저건 저래서 안 돼"라고 말하는 사람들을 종종 만난다. "내가 해봤는데 안 돼", "그래서 되면 내가 먼저 했지", "그게 되겠어?" 같은 대답도 자주 듣는다. 일명 '부정의 기운'을 풍기고 다니는 사람들이다. 실패가 학습된 이들은 '안 된다'가 기본값으로 설정돼 있다. 안 되는 적절한 이유를 매번 절묘하게 찾아낸다.

반대로 긍정의 기운을 가진 사람들도 있다. 이들은 어려움이 닥쳤을 때 '아, 안 되는구나'가 아니라 '어떻게 하면 극복할 수 있을까?'를 치열하게 고민한다. 비록 그 결과가 실패로 끝난다 하더라도 '할 수 있다'는 의지와 가능성을 품고 자신만의 방법으로 도전한다. 그리고 그 과정을 통해 성장한다.

부정적인 기운이든 긍정적인 기운이든 한 사람이 가진 기운은 다른 사람에게 전파된다. 부정적인 사람들은 내 한계를 결정짓고 내가 하는 모든 일들을 의미 없는 것으로 치부한다. 나는 언제부턴가 이런 사람들의 의견은 듣지 않으려고 노력하게 됐다. 나뿐만 아니라 부정적인 사람과 함께하고 싶은 사람은 거의 없을 것이다.

대신 긍정적인 사람들을 만나기 위해 노력한다. 이런 사람들을 만나는 것은 인생에서 아주 드문 행운이다. 좋은 기운을 가진 사람들과 서로 좋은 영향을 받으며 성장하기에도 짧은 인생이다. 하루라도 나에게 긍정적인 영향을 미치는 사람들과 더 많은 시간을 보내길 바란다.

파도가 아닌
파장을 가진 사람이 될 것

바다를 닮은 사람, 호수를 닮은 사람

，

　　　　　　　　늘 과장된 몸짓으로 이야기하
길 좋아하는 회사 선배가 있었다. 다 같이 점심식사를 하던
그날도 그는 뭐가 그리 신났는지 입에서 침을 튀기며 수다
를 떨었다. 나는 그의 바로 옆자리에 앉아 있었다.

　사람과 사람 사이에는 눈에 보이지 않는 자기만의 영역
이 존재한다. 흔히들 세이프티 존safety zone이라고 부르는 이
영역은 서로 안전함과 편안함을 느끼는 거리를 뜻하기도
한다. 상대가 너무 가까이 다가오면 부담스럽고 너무 멀리
떨어져 있으면 어색하다. 매우 신나 있던 그 선배는 나의 세

이프티 존을 계속 침범했다. '이러다 나를 칠 것 같은데'라는 생각을 한 지 몇 초 되지 않아 그는 내 앞에 놓인 숟가락과 젓가락을 쳐버렸다. 그 사실을 깨달은 선배는 "어이쿠, 미안해"라고 한 뒤 몸짓을 살짝 줄인 채 아슬아슬하게 내 영역을 넘나들며 이야기를 마쳤다.

재미있는 점은 선배가 늘 이렇게 과장된 행동을 하는 것은 아니라는 사실이다. 그는 기분이 좋지 않거나 나쁜 일이 있으면 눈에 띄게 조용해졌다. 식사를 할 때도 침을 튀기거나 팔을 크게 뻗지 않았다. 누가 봐도 그의 일진이 좋지 않다는 걸 눈치챌 수 있을 정도였다.

비유하자면 그는 바다 같은 사람이었다. 바다에는 항상 파도가 친다. 파도는 평화로울 만큼 규칙적으로 칠 때도 있지만 모든 것을 집어삼킬 듯 격정적으로 치기도 한다.

파도를 타는 서퍼들은 파도의 높낮이가 클수록 기뻐한다. 서핑하기 좋은 큼지막한 파도가 올 때까지 서핑보드에 앉아 바다를 바라본다. 반면 배를 타는 어부들은 뱃일을 하기 좋은 작은 파도를 선호한다. 태풍이라도 이어지는 날이면 며칠씩 공을 칠 수밖에 없기 때문에 배가 바다로 밀려나가지 않을까, 어망이 망가지지 않을까 노심초사하며 파도를 지켜본다. 파도의 높이는 예측이 어려워서 그날그날 어부와 서퍼의 희비가 엇갈린다.

바다 같은 사람에게는 항상 감정의 파도가 친다. 그에게 높은 파도가 칠 때 내가 서퍼라면 즐거울 것이고 어부라면 힘들 것이다. 그의 감정이 롤러코스터처럼 오르락내리락할 때마다 나의 감정 역시 요동친다. 파도처럼 예측하기 어려운 사람과 함께하면 어떤 장단에 맞춰야 할지 몰라 금방 지칠 수밖에 없다. 처음에는 재미있을지 몰라도 말이다.

●

반대로 늘 감정의 동요가 없는 선배도 있었다. 그는 기쁜 일이 있어도 누구나 공감할 만큼만 기뻐하고 좋지 않은 일이 있어도 크게 낙담하지 않았다. 감정의 최고치와 최저치가 그리 크게 차이 나지 않고 예측 가능한 범위 안에 있었다.

그와는 언제 어떤 일로 만나도 편안하다. 나와의 거리를 특별히 좁히려 하지도 않고 의도적으로 멀어지게 하지도 않는다. 늘 일정한 거리를 유지하며 한결같이 같은 자리에 머문다.

이 선배는 호수 같은 사람이다. 호수는 언제나 잔잔하다. 자신을 찾아준 사람들에게 평화로운 뱃놀이를 허락한다. 수면에는 하늘과 산과 나무가 비친다.

늘 같은 자리에서 자신의 모습을 지키지만 호수가 늘 조용하기만 한 것은 아니다. 물고기가 튀어 오르거나 아이들이 조약돌을 던지거나 빗방울이 떨어지면 호수에는 파장이 생긴다. 여러 개의 파장이 동시에 생겨 합쳐지거나 흩어지기도 한다. 조용히 퍼져나가는 파장의 크기와 개수만으로도 호수에 무슨 일이 일어났는지 쉽게 알 수 있다.

종종 마음에 파도가 치는 사람들을 만난다. 처음에는 매력적으로 보이지만 함께할수록 너무나 큰 에너지에 지치기도 한다. 파도를 타기 위해 서핑보드 위에서 중심을 잡는 일이, 흔들리는 배에서 고기를 낚는 일이 얼마나 힘들지 짐작이 갈 정도다.

　반면 파장을 가진 사람을 만나면 마음이 편안하다. 잔잔하지만 아름답고 고요하지만 울림이 있다. 늘 그 자리에 있어 언제나 찾아갈 수 있으면서도 쉬이 마르지 않는다. 때로는 그런 사람들이 경이롭게 느껴지기도 한다. 나이가 들수록 타인에게 휩쓸리지 않는 게 얼마나 어려운 일인지 깨닫고 있기 때문이다.

　파도가 아닌 파장을 가진 사람이 되고 싶다. 호수 같은 사람과 함께하는 시간이 얼마나 평화로운지, 그와의 인연이 얼마나 오래 유지될 수 있는지 알기에 누군가에게 나도 그런 사람이길 바란다.

말을 하는 사람보다
대화를 나누는 사람이 될 것

나를 돋보이게 하는 가장 좋은 방법

，

30대가 되면서 네 명 이하의 모임을 선호하게 됐다. 모임 구성원이 네 명을 넘으면 한 테이블에 앉기 어렵다. 물론 큰 테이블에 모두 함께 앉을 수 있겠지만 금세 둘, 셋씩 짝을 지어 자기들끼리 이야기하는 모양새가 돼버리고 만다. 자리를 옮겨 다니며 이 사람 저 사람과 조금씩 안부를 나누다가 아무하고도 제대로 대화를 나누지 못하고 집에 돌아가는 불상사가 생긴다.

한번은 학동역 근저 양꼬치 가게에서 지인 세 명과 만났다. 양꼬치에 하얼빈 맥주, 가지 튀김까지 막 시킨 터였다.

커뮤니케이션 전문가인 이상은 대표가 맥주로는 못내 아쉽다며 연태고량주를 시키자고 했다. 독주 덕에 어색한 분위기가 풀렸는지 밀린 이야기가 쏟아졌다. 그중에서도 이 대표가 털어놓은 이야기가 인상 깊었다.

이 대표는 한 지상파 예능 프로그램에 고정 패널로 출연한 경험이 있다. 출연자의 몸짓을 분석하는 역할이었다. 처음 출연 요청을 받았을 때 그는 꽤 부담스러웠다. 이영자, 전현무, 송은이 등 유명 연예인들이 대거 출연하기로 결정돼 있었기 때문이다.

전문가로 초대된 만큼 이 대표 역시 방송에서 돋보이고 싶었고 하고 싶은 말도 많았다. 시사 프로그램이 아니라 예능 프로그램이니 몸짓 분석 외에 재미있는 이야기를 해서 사람들을 웃겨야 하지 않을까 고민했다. 그러다 그는 한 가지 결심을 했다. '연예인의 영역을 침범하지 말자'였다.

이 대표는 시청자를 웃기는 건 연예인에게 맡기고 자신에게 주어진 역할에 충실하기로 했다. 괜히 잘하지도 못하는 개그를 어설프게 시도했다가는 웃기지도 못할뿐더러 전문가로서의 이미지마저 깎아먹을 수 있겠다고 생각한 것이다. 녹화가 시작되자 그는 자기 할 일에 최선을 다했다. 멘트가 조금 뜸해지면 함께 출연한 연예인들이 "상은 씨는 어떻게 생각해요?"라며 그에게 이목을 집중시켜줬다. 말을 아끼니 오히려 말할 기회가 생겨난 것이다.

이 대표가 다짐한 것이 또 있었다. 바로 '잘 웃어주자'였다. 다른 출연자들의 이야기에 최대한 반응하고 밝게 웃는 것이 자신이 해야 할 일이라고 생각했다. 그 마음이 통했는지 제작진이 이 대표의 웃는 모습을 방송에 많이 넣어줬단다. 연예인도 아닌 사람이 자꾸 화면에 잡히자 프로그램 관련 기사에는 '저 웃는 사람은 도대체 누구냐?'는 댓글이 달리기 시작했고 이 대표도 조금씩 관심을 받을 수 있었다.

몇 가지 이유로 그 방송에서는 하차했지만 그 이후에도 그는 꾸준히 여러 프로그램에 나오고 있다. 북미회담 당시에는 뉴스 생방송에 출연해 양국 정상들의 몸짓과 제스처를 분석했다. 몸짓 언어를 주제로 한 9부작 교양 프로그램에 출연하기도 했다.

●

　때때로 우리는 돋보이고 싶다는 마음에 조급함을 느끼기도 한다. 말 한마디라도 더 해야 하나 고민이 된다. 무엇이든 남들과 다른 행동을 해서 타인의 눈에 띄어야 한다는 강박에 사로잡히는 경우도 있다. 인스타그램에 맛집 사진 한 장을 올리기 위해 먼 길도 마다하지 않는 사람들이 그 예다. 유튜브 역시 눈에 띄기 위해 안달이 난 사람들이 가득하다. 자신의 멋진 모습을 선보이려는 마음이 잘못된 것은 아니다. 하지만 그런 생각으로 자칫 섣부른 행동을 해서는 안 된다.

　이 대표에게는 이런 조급함이 없었다. 자신을 돋보이게 하려고 무리하기보다는 자신의 자리를 지키며 다른 사람들을 인정하고 존중하는 자세를 보였다. 또한 자신의 이야기를 줄이고 타인의 이야기에 귀 기울이며 친절하고 적극적으로 반응했다. 이런 이 대표의 이야기를 들으며 내가 잘하는 영역에서 최선을 다하면 먼저 나서지 않아도 사람들이 저절로 나에게 주목한다는 진리를 다시 한 번 깨달았다.

또 타인의 성과에 박수 치고 재치에 웃음 짓고 슬픔에 눈물 흘리는 사람이 돼야겠다고 다짐했다.

큰 테이블에서는 자리에서 일어나 목소리를 높여도 잠깐 주목을 받을 뿐이다. 이내 사람들의 눈길은 자기 앞에 앉은 상대에게로 돌아가버린다. 여러 사람들에게 큰 소리로 연설을 해도 집에 돌아가면 결국 함께 대화를 나눈 사람이 기억에 남는다. 내가 이야기를 주고받고 싶은 사람이 되면 사람들이 제 발로 내 테이블에 찾아온다. 당신은 어떤가? 당신은 무슨 역할로 그 자리에 초대됐고 당신의 테이블에는 누가 앉아 있는가? 그들과 함께 대화를 나누고 있는가? 나서는 대신 내 자리를 지키며 상대에게 공감하는 것이 때로 나를 돋보이게 하는 가장 좋은 방법이다.

스무 번째 조언

한 번쯤
왕따가 돼볼 것

내가 페이스북을 지운 이유

，

　　　　　　　　스마트폰에서 페이스북 애플리케이션을 지웠다. 무의식중에 페이스북에 시간을 허비한다고 생각해서다. 노트북이나 태블릿 PC로 필요할 때만 접속하고 게시물을 올린다. 평소라면 스마트폰으로 타임라인에 올라온 다른 사람들의 소식을 틈틈이 확인했겠지만 지금은 전자책을 읽거나 팟캐스트를 들을 뿐이다.

　　SNS 애플리케이션을 지우면 자발적으로 왕따가 되는 것 같다. SNS 친구에게 무슨 일이 일어났는지 알지 못하니 소식에 뒤처지는 기분이 든다. 그들이 올린 게시물에 '좋아요'를 누르지 못하니 친해지기 어려워졌다는 생각도 든다. SNS에 쏟는 시간을 줄였을 뿐인데 현실의 인간관계까지 멀어진 느낌이다. 스스로 필요하다고 생각해서 내린 결정이지만 한편으로는 걱정도 된다. 정말 SNS 애플리케이션을 지워도 괜찮을까? 좋아요를 누르거나 친구의 게시글을 읽지 않아도 괜찮을까? 내 대답은 '괜찮다'다.

●

사회에서 만난 친구들이 있다. 내가 개인적으로 각각 알던 친구들인데 모두 남자고 동갑이라는 이유 하나만으로 함께 만났다. 각자 다른 분야에 몸담고 있지만 뭉치니 시너지가 나서 함께 일을 하거나 서로에게 도움이 될 만한 정보를 나누기도 한다.

동갑이고 남자라는 것 말고도 우리에게는 또 하나의 공통점이 있다. 우리 모두 왕따였다는 점이다. 중·고등학교 시절, 심하게 또는 약하게 따돌림을 당했다.

왕따의 유형은 여러 가지인데 나는 그중에서도 '은따'를 당했다. 은따는 '은근히 따돌린다'는 뜻이다. 친구들이 나를 얼마나 은근히 따돌렸냐면 내가 은따를 당하고 있다는 사실을 모를 정도였다. 그때의 나는 지금보다 몇 배는 앞에 나서길 좋아했고 몇 배는 목소리를 크게 냈다.

내가 은따라는 사실을 알아차린 건 고등학교 1학년 여름이 지날 무렵이었다. 내가 심하게 장난을 치자 친구 중 하나가 "네가 그러니까 왕따지!"라고 이야기했다.

그 친구들은 대부분 나와 다른 중학교 출신이었다. 그리고 자신들과 아직 친해지지 않았는데 속칭 '나대는' 내 모습이 마음에 들지 않았던 것이다. 곰곰이 생각해보니 아이들이 그동안 내 장난에 조금 미적지근한 반응을 보였던 것 같기도 했다.

다행히 내가 다녔던 학교 특성상 1학년 반 친구들 대부분이 3년간 같은 반이었고 그 과정에서 왕따 같은 건 생각할 겨를도 없이 친해졌다. 왕따 후유증도 없었다. 이런 경험 덕분에 내가 남들과 조금 다르다는 점이 크게 문제가 되지 않을 수도 있다는 사실을 깨달았다.

회사를 다니면서도 나는 왕따 기질(?)을 버리지 못했다. 다 같이 술을 먹으러 갈 때도 개인 사정이 있으면 빠졌다. 물론 늦게까지 노는 날도 있었지만 그 행동의 기준은 언제나 '나'였다. 남들이 한다고 하는 것이 아니라 내가 원할 때만 그들과 함께했다.

꼭 노는 자리에서만 그랬던 것은 아니다. 남들이 학교 공부에 몰두할 때 나는 외부 활동을 찾아다녔고 직장 생활을 하면서도 저녁이나 주말에는 관심 있는 행사에 적극적으로 참여했다. 회사 사람들이 거들떠보지 않는 모임이나 교육, 강의도 들었다. 이런 경험 덕분에 퇴사한 이후의 삶에 빠르게 적응했다. 회사가 전부였던 사람이 퇴사를 하고 무엇을 해야 할지 몰라 한동안 고민하는 경우가 종종 있는데 나는 회사 밖에서 지내는 법에 익숙했기 때문에 늘 하고 싶은 일이 잔뜩 있었다.

•

30대에는 자발적으로 왕따가 되는 것도 나쁘지 않다.

남들과는 다른, 내가 좋아하는 일을 찾아야 한다. 정해진 노선에서 조금 벗어나는 일들을 해봐도 좋다. 왕따가 되는 것이 두려워 다른 사람들의 뒤만 좇으면 오히려 위험하다. 30대에는 누구나 '내가 이러려고 이 회사에 들어왔나?', '나는 앞으로 뭘 해 먹고살아야 하지?' 같은 고민이 드는 질풍노도의 시기를 한 번쯤 겪는다. 이때 왕따가 되는 연습을 한 사람은 직장인 사춘기를 조금 쉽게 이겨낼 수 있다.

크고 작게 그리고 알게 모르게 자발적으로 왕따가 되기 위해 노력한 사람들이 〈월간서른〉을 찾는다. 연사로 오는 사람들은 대부분 직장 생활을 하다 지금은 회사를 그만두고 자신만의 길을 걷고 있다. 직장인이더라도 이력이 조금 독특하다. 연사뿐만 아니라 참여자도 마찬가지다. 굳이 평일 저녁에 모르는 사람들 사이에 섞여 앉아 몇 시간 동안이나 다른 사람의 이야기를 듣는 것 역시 보통의 직장인들이 하는 일은 아니다.

〈월간서른〉에서 유튜버 김겨울을 인터뷰한 적이 있다. 자신의 예명을 딴 〈겨울서점〉이라는 유튜브 채널에서 다양한 책 이야기를 나누는 사람이다. 그는 흔히 말하는 명문대를 나왔다. 하지만 대학을 졸업하고 취업을 하지 않았다. 현재도 마찬가지고 앞으로도 웬만하면 취업을 하지 않을 생각이라고 한다.

대신 그는 갖가지 경험을 쌓았다. 스무 살에 처음 기타를 치기 시작해 몇 년 뒤에는 재미로 작곡을 시작했고 다시 몇 년 뒤에는 홍대 클럽을 돌며 공연을 했다. 클럽에서 만난 지인의 소개로 마포FM에서 라디오 DJ를 하기도 했다. 춤추고 작곡하고 책 읽는 것이 좋았던 그는 자신이 좋아하는 일들을 계속 이어가고 있다. MBC 라디오에서 자신의 이름을 딴 프로그램을 진행하며 책도 쓰고 있다.

그도 누군가에겐 왕따처럼 보였을 거다. 남들이 일반적으로 하지 않을 일을 하는 모습이 낯설고 위태롭게 보였을 수 있다. 하지만 그 경험들이 결국 지금의 김겨울을 만들었다. 그의 블로그 닉네임인 '만드는 사람'처럼 스스로를 만들어나가고 있는 것이다.

●

인간관계가 안 좋아지는 것은 아닐까 고민했던 게 무색하게도 페이스북 애플리케이션을 지우고 아무 일도 일어나지 않았다. 나는 여전히 많은 사람들을 현실에서 만나며 좋은 관계를 유지하고 있다. 예전 같으면 타임라인을 들여다볼 시간에 책을 쓰고 다양한 콘텐츠를 만든다.

서른에는 왕따가 돼도 괜찮다. 다른 사람들의 이야기에 관심을 줄이고 평소 해보고 싶었던 일에 혼자서 과감히 도전해보자. 하루빨리 왕따가 되기를 자처하는 것은 나이 들어 왕따가 되지 않는 길이기도 하다.

모든 사람에게서
배울 점을 찾을 것

당신의 롤 모델은 누구인가요?

，

　　　　　뉴스에서 한 고교 야구 투수
를 봤다. 앳된 얼굴의 선수가 담담하게 인터뷰를 하고 있었
다. 그는 자신의 롤 모델로 류현진 선수를 꼽았다. 기자의
소개를 들어보니 그는 이미 류현진 선수와 많이 닮아 있었
다. 공이 빠르지 않지만 제구력이 좋은 것부터 쉽게 흥분하
지 않는 단단한 정신력까지 곧 류현진 선수에 버금가는 선
수가 되지 않을까 하는 생각이 들었다.

　롤 모델이란 무엇일까? 일반적으로 롤 모델이라고 하면
보통 내가 속한 분야에서 닿고자 하는 지점에 먼저 도달해

있는 사람을 떠올린다. 그리고 그처럼 되기 위해 다양한 방식으로 노력한다(물론 롤 모델만 있을 뿐 롤 모델처럼 되기 위해 노력하는 경우가 많지는 않다).

나 역시 종종 롤 모델이 누구인지 질문을 받는다. 그럴 때마다 '없다'고 답한다. 누군가는 이런 나에게 건방지다고 이야기했다. '네가 얼마나 잘났기에 롤 모델도 없느냐'는 거였다. 하지만 사실 나는 정반대의 이유로 롤 모델을 정하지 않았다. 내 롤 모델은 모든 사람이다.

누구 하나를 롤 모델로 정하기에는 세상에 배울 점을 가진 사람들이 너무나도 많다. 내가 보고 만난 모든 사람에게 적어도 한 가지 이상은 배울 점이 있었다. 심지어는 내가 싫어하고 친해지고 싶지 않은 사람마저도!

세상에 완벽한 사람은 없다. 그렇다고 아무것도 갖지 못한 사람도 없다. 성격이 나쁘지만 일을 잘하는 사람이 있고 일은 잘 못하지만 인간관계가 좋은 사람도 있다. 돈은 잘 벌지만 '저렇게 살아야만 돈을 잘 버는 것인가' 하는 자괴감이 들 만큼 괴팍한 사람도 있고 돈은 잘 못 벌지만 '저런 사람이 부자가 되지 않으면 누가 되겠는가' 하는 생각이 들 만큼 선한 사람도 있다. 이렇게 여러 사람에게 각각 좋은 점을 배우고 싶어서 롤 모델을 정하지 않았다.

롤 모델 하나를 정해두고 다른 사람들도 본받으면 되는 것 아니냐고 생각할 수도 있다. 물론 그러면 되지만 쉽지 않다. 움직이는 물건은 움직이던 방향과 속도를 유지하려는 습성이 있는데 이를 관성이라 한다. 사람에게도 관성이 있다. 살아가는 방식, 가치관, 세상을 바라보는 관점 등 한 사람이 지닌 여러 속성은 관성대로 유지되기 마련이다. 따라서 롤 모델을 한 사람으로 정하면 다양한 사람들을 살펴기보다는 그만 바라보게 될 가능성이 높다.

•

롤 모델을 한 명으로 두지 않으니 좋은 습관이 생겼다. 어떤 사람을 만나든 그 사람에게서 배울 만한 좋은 점을 찾아내려고 노력한다. 물론 누구에게나 단점도 있겠지만 상대의 단점보다는 장점을 발견하고 배워가는 것이 나에게 더 도움이 된다는 사실을 깨달았다.

　회사에 다닐 때 나는 이메일의 첨부 파일을 컴퓨터 바탕화면에 다운받았다. 메일을 하루에 100통도 넘게 받는 날이 허다하다 보니 파일을 정리하기가 너무 귀찮았다. 그렇게 바탕화면에 새로운 파일을 저장할 자리가 없을 때까지 첨부 파일이 쌓이면 폴더를 정리했는데 그때마다 시간이 많이 들었다. 어떤 맥락에서 받은 파일이었는지 기억이 나지 않다 보니 파일을 일일이 열어봐야 했기 때문이다.

　그런데 우연히 한 선배가 첨부 파일을 다운받는 걸 봤다. 선배는 파일을 받을 때 처음부터 일일이 폴더를 찾아 저장 위치를 지정했다. 바탕화면에 첨부 파일을 다운받는 것과 폴더를 지정해서 다운받는 데 걸리는 시간은 10초도 차이가 나지 않는다. 그런데 나는 그 10초가 귀찮아 걷잡을 수 없을 정도로 바탕화면을 어지럽히고 있었다. 그날 이후 나도 선배처럼 폴더를 지정해 첨부 파일을 다운받기 시작했다.

　이것 말고도 나의 생활 습관과 일하는 방식 그리고 사고 방식에는 내가 아는 사람들의 좋은 점들이 녹아 있다. 일할 때 문제가 생겨도 흥분하지 않는 선배를 보며 나 역시 비슷한 상황에서 최대한 이성적으로 문제를 해결하려고 노력하기 시작했고 최소한의 물건만으로 살아가는 미니멀리스트 유튜버를 보고는 사용하지 않은 물건이나 입지 않는 옷을 죄다 정리했다. 자기만의 시간을 갖는 것이 중요하다고 이야기하는 1인기업가의 책을 읽고는 매년 제주도에서 나 혼자만의 워크숍을 가진다.

맹모삼천지교라는 말처럼 따라 하고 싶은 점을 가진 사람들이 있는 곳을 찾아다니기도 했다. 직장인 시절 한번은 회사에서 새로운 조직을 만든다는 소식을 들었다. 조직 구성원 대부분이 외부인으로 꾸려질 계획으로 컨설팅 회사에서 일한 경력이 있는 사람들이 주가 될 거라고 했다. 나는 이야기를 듣고 바로 그 조직에 자원했다. 몇 년간 공채 출신 선배들에게 일을 배워왔으니 이제는 새로운 사람들과 함께 일하며 그들의 일하는 방식과 문화를 배워보고 싶었다.

결과는 대만족이었다. 컨설팅 회사에서 다양한 클라이

언트들과 일해본 새로운 동료들은 공채 출신 선배들과는 전혀 다른 방식으로 일을 했다. 누가 더 낫다고 할 수는 없지만 일을 바라보는 관점이 달라 많은 것을 보고 배울 수 있었다. 내 회사 생활을 되돌아봤을 때 그 팀에서 일했던 시기가 업무적으로 가장 크게 성장한 시기라는 생각이 들 정도다. 이렇게 나는 성장하기 위해 주변에 누구를 둘 것인지 스스로 정해왔다.

•

빵을 좋아하는 아내를 위해 종종 빵을 산다. 때로는 너무 많이 사서 다 먹지 못하고 남긴 빵이 오래돼 딱딱하게 굳어버린다. 이때 굳은 빵을 말랑한 빵 사이에 두면 평형을 이루려는 수분의 성질 때문에 딱딱한 빵이 다시 부드러워진다고 한다. 내가 굳은 빵이 된 것처럼 느껴질 때면 나를 말랑하게 만들어줄 사람을 만나야 한다. 그런데 말랑한 빵 같은 사람을 찾는 일이 쉽지는 않다.

갓 스무 살이 됐을 때 어머니께서는 나에게 "술을 마시는 건 좋지만 매일 같은 사람과 마시지는 마라"라고 말씀하셨다. 나는 그 말을 꽤 열심히 따랐다. 내가 속한 조직뿐만 아니라 밖에서도 다양한 사람들과 교류하기 위해 노력했다.

그 과정에서 느낀 점이 하나 있다. 내가 늘 딱딱하게 굳어 있으면 말랑한 빵 같은 사람을 찾아도 그들이 나와 함께하지 않는다는 것이다. 그러니 나도 누군가의 굳어 있는 부분을 풀어줄 수 있는 사람이 돼야 한다. 물론 내 주변에 좋은 사람들이 있다고 해서 무작정 그들을 따라 하기만 해서는 안 된다. 배우고 싶은 모습을 나만의 방식을 통해 내 것으로 만들어야 한다.

나는 앞으로도 많은 사람들에게서 좋은 점을 배우기 위해 노력할 것이다. 그 과정을 통해 오히려 더 나다운 모습을 찾아갈 수 있으리라 기대한다. 당신은 누구를 롤 모델로 삼겠는가? 그리고 당신을 찾는 굳은 빵 같은 사람에게 어떻게 말랑함을 전해줄 것인가?

부모님의 의견에서
자유로울 것

대학 성적표를 누가 받아야 할까?

，

　　　　　　묵은 짐을 버리기 위해 종종
집을 정리한다. 한번은 책장 한편에 있는 오래된 서류철에
서 대학생 시절 성적표를 몇 장 발견했다. 추억에 젖어 성적
표를 살펴보는데 어색한 점이 눈에 띄었다. 성적표를 받는
주소가 내 자취방이 아니라 부모님 집으로 돼 있었다. 받는
사람 이름도 내가 아닌 아버지였다. 더 정확히 설명하자면
아버지의 이름은 보호자란에 내 이름은 학생란에 적혀 있
었다.

　　그 당시에는 이상하다고 생각하지 못했다. 고등학교 때

까지만 해도 집으로 성적표가 날아오는 게 당연했으니 대학생이 돼서도 그러려니 했던 것이다. 그런데 지금 다시 보니 이상하게 느껴지는 것을 넘어 불편하기까지 했다. 왜 학교에서는 시험을 치른 장본인이 아닌 부모님에게 성적표를 보냈을까?

나만 불편한가 싶어 이에 대해 어떻게 생각하는지 주변에 물어봤다. "아버지가 학비를 내셨으니까 아버지에게 보낸 거 아니야?"라는 의견이 돌아왔다. 그렇다면 은행에서 학자금을 대출받아 학비를 내는 사람은 은행으로 성적표가 가야 하는 건가? 스스로 학비를 벌어 내는 학생은? 설령 학비를 입금한 주체가 부모님이라 하더라도 스무 살이 넘은 성인이 한 학기 동안 공부한 결과를 타인에게 먼저 보여주는 것이 맞는 일인지 의문이 들었다.

●

종종 진로를 고민하는 사람들을 만난다. 그중에는 부모님과 의견이 달라 갈등을 겪는 사람들도 있다. 대학을 졸업하고 나서도 회사를 관두거나 옮기는 문제로 부모님과 불화를 겪는 경우는 의외로 많다.

그들에게 내가 해주는 이야기가 있다. '부모님의 의견은 반만 듣거나 아예 듣지 않아도 된다'가 그것이다.

부모님을 아예 무시하라거나 부모님과 사이가 멀어져야 한다는 말이 아니다. 부모님 생각보다는 내 생각을 더 중요하게 여겨야 한다는 의미다. 《밀레니얼의 반격》이라는 책에서는 "기성세대가 후진국에서 태어난 것과 달리 밀레니얼들은 선진국에서 태어났기" 때문에 부모와 자식 간에 세대차이가 일어난다고 이야기했다. 부모님과 우리는 태어난 배경과 환경이 다르기에 성장 법칙 역시 다른 것이다.

부모님은 은행 적금 이자가 30퍼센트 가까이 되고 대학 졸업만 하면, 아니 졸업을 하지 않아도 취업이 되고 취업을 하면 은퇴할 때까지 쫓겨날 걱정이 없고 그러니 아이를 낳고 집을 사는 데 별다른 고민과 걱정을 하지 않아도 되는 시대를 살았다. 하지만 우리는 어떤가? 은행 이자는 0퍼센트에 가깝고 고등학교를 졸업한 대다수가 대학에 진학한다. 그러니 대학을 졸업해 변변한 직장에 들어가는 것도 쉬운 일이 아니다. 기업들은 채용 규모를 점점 줄이고 있다. 그마저도 정년이 보장되는 정규직보다 비정규직 일자리가 많다. 정규직으로 채용되더라도 정년을 채우는 경우는 찾아보기 힘들다.

일자리가 불안하니 결혼할 생각도 줄어든다. 겨우겨우 좋은 사람을 만나 짝을 이뤄도 하루가 다르게 올라가는 집 값에 막막하기만 하다. 부부의 삶이 안정되지 못하니 아이를 갖기도 두려워진다. 하루하루를 살아가기보다는 버텨낸다는 심정으로 사는 젊은 세대들이 많아지는 이유다. 이렇게 서로 다른 시대를 살아왔기에 부모님의 조언은 가슴으로만 듣고 내 인생의 중요한 결정들은 스스로 내려야 하는 것이다.

●

스스로 결정하는 힘이 돈을 더 잘 벌게 해주거나 윤택한 삶을 살 수 있게 해주는지는 잘 모르겠다. 다만 스스로 결정하는 힘이 있으면 내 뜻대로 내 삶의 가치관을 정하고 그에 따라 살 수 있다.

내가 원하는 기준대로 살면 어떤 결과가 나와도 후회가 덜하다. 뭔가를 주체적으로 선택하는 행동 자체에서 뿌듯함을 느낄 수도 있다. 반대로 아무리 좋은 결과를 얻어도 그것이 남이 하라는 대로 해서 얻은 결과라면 내가 선택하지 않은 길이 평생 궁금하고 아쉬울 수밖에 없다. 심지어 결과가 만족스럽지 않으면 상대에게 원망마저 들 수 있다.

언제까지 부모님이 반대한다고 해서 하지 않고 부모님이 하라고 해서 하는 삶을 살 것인가? 이제는 다른 사람의 의지에서 자유로워져야 한다. 타인의 의견에서 독립하고 스스로 결정하는 힘을 키워야 한다.

부모님과의 관계를 느슨하게 만들어보자. 다른 사람이 내가 해야 할 선택을 대신 하지 않도록 해야 한다. 내 행복, 꿈, 인생을 위해 미래를 좌우할 선택은 오롯이 내가 해야만 한다. 내 인생의 성적표를 받아봐야 할 사람은 나뿐이다.

조용히 나를 돕는
사람들이 있는지 둘러볼 것

오른쪽 엄지손톱의 기쁨과 슬픔

,

2주에 한 번 정도 손톱을 깎는다. 바닥에 신문을 깐 뒤 한 손에 손톱깎이를 들고 반대 손 엄지손톱부터 하나하나 잘라나간다. 또각또각 손톱을 깎을 때마다 멀끔해지는 기분이 든다. 손톱이 자라는 동안 묵은 시간을 흘려보내는 듯 괜스레 상쾌하다.

그런데 손톱을 자를 때마다 희한한 일이 일어난다. 손톱깎이를 다 정리하고 손을 보면 꼭 손톱 하나를 안 잘랐다는 사실을 발견하는 것이다. 그 손톱은 어김없이 오른쪽 엄지손톱이다.

하루는 왜 그런 걸까 진지하게 생각해봤다. 그리고 내가 오른손잡이이기 때문이라는 결론을 내렸다. 내 추리는 이렇다. 먼저 오른손으로 열심히 왼쪽 손톱을 깎은 뒤 왼손에 손톱깎이를 들고 오른손 손톱을 자른다. 그런데 왼손은 잘 쓰지 않아 오른손보다 힘이 약하다 보니 깎기 어려운 두꺼운 엄지손톱은 잠시 제쳐두고 조금 더 얇은 검지손톱부터 정리하게 된다. 새끼손톱까지 잘랐으면 다시 엄지손톱으로 돌아가야 하는데 손톱을 다 잘랐다는 기쁨에 들떠 제대로 확인도 하지 않고 주변을 정리해버리는 것이다.

●

다른 손톱보다 긴 오른손 엄지손톱을 발견하고 처음에는 '에이, 모르겠다. 나중에 잘라야지'라고 생각하고 말았다. 그러다 문득 엄지손톱이 가여워졌다. 다른 손톱들은 너도나도 예쁘게 단장을 했는데 엄지손톱만 덩그러니 오래된 낡은 손톱을 달고 있는 셈이었다. 손톱을 깎느라 고생은 고생대로 해놓고.

드라마 〈미생〉에도 비슷한 장면이 나온다. 고졸이지만 인턴으로 대기업에 입사한 장그래는 다른 인턴들과 함께 젓갈 검수를 하기 위해 공장을 찾는다. 대졸 신입 사원 공채로 입사해 그를 못마땅해하던 동기들은 검수를 마치고 몰래 복귀한다. 그런 줄도 모르고 혼자 늦게까지 남아 열심히 젓갈을 뒤적이던 장그래를 본 공장 직원이 한마디한다.

"어쩌다 혼자 떨궈졌노?"

가만히 살펴보면 우리 주변에는 엄지손톱처럼 혼자 떨궈진 존재들이 있다. 꼭두새벽부터 쓰레기를 수거하고 거리를 청소하는 청소부나 재해 현장에 누구보다 발 빠르게 나선 봉사자, 자기 일도 바쁘지만 일이 서툰 후배를 묵묵히 돕는 선배… 이런 사람들은 남의 몫까지 열심히 일하고도 스포트라이트를 받지 못하는 경우가 많다.

한편으로는 스스로 엄지손톱 같은 취급을 받는다고 느낄 때도 있을 것이다. 좋은 마음으로 친구에게 베풀었던 호의가 당연한 것처럼 받아들여지거나 가족을 위해 열심히 노력했는데 별다른 감사 인사도 받지 못할 때가 있지 않은가? 내 시간을 쪼개 누군가를 도왔는데 아무도 몰라주는 경험은 누구에게나 있다.

●

내가 한 일을 아무도 몰라주면 서러움이 밀려온다. 쓸모없는 사람이 된 것 같은 기분도 든다. 하지만 홀로 깎이지 않은 엄지손톱이라고 해서 늘 구박데기인 건 아니다. 손톱을 짧게 자르면 불편할 때가 꽤 있다. 맥주 캔 뚜껑을 따기도 불편하고 땅에 떨어진 동전을 줍기도 힘들고 코를 파기도 불편하다. 이럴 때 깜빡 잊고 자르지 않은 엄지손톱 덕을 톡톡히 본다. 얼마 전에는 노트북에 몇 년간 붙여둔 스티커를 떼고 진득하게 남아 있던 자국을 엄지손톱으로 다 긁어내 버렸다. 다른 손톱보다 조금 긴 엄지손톱이 어찌나 반갑던지.

인간관계에서도 마찬가지다. 모두가 자신의 살길과 몫을 찾기 바쁠 때 누군가는 묵묵히 다른 사람들을 위하면서도 투명인간 취급을 당한다. 주위를 자세히 둘러보면 분명 그런 사람들이 있다. 이렇게 자르다 만 엄지손톱 같은 사람들은 자신이 베푼 선의가 아무에게도 인정받지 못했다는 생각에 지쳤을지도 모른다.

당신에게 엄지손톱처럼 조용히 호의를 베푼 사람이 있는지 주위를 둘러보자. 그리고 미처 하지 못한 감사 인사를 전해보자. 언제 그에게 또 한 번 도움을 받게 될지 누가 알겠는가?

반대로 혹여나 당신이 누군가에게 엄지손톱 같은 존재가 된 것 같다면 나라도 스스로를 칭찬해보자. 나를 아끼는 일이 꼭 타인에게서 시작될 필요는 없다. 다시 손톱깎이를 꺼내 남은 엄지손톱을 마저 예쁘게 다듬듯이, 그렇게 주변의 소중한 사람들과 나 자신을 아끼길 바란다.

듣기 싫은 이야기에도
귀 기울일 것

오타를 지적하는 마음

，

두 번째 책을 출간한 뒤의 일이다. 혼자 쓴 첫 책이다 보니 독자들의 반응이 신경이 쓰였다. SNS에서 책 제목 해시태그를 팔로우한 건 기본이고 포털사이트에서도 하루에 몇 번씩 책 제목을 검색했다. 책을 잘 읽었다며 개인적으로 연락을 받기도 했고 얼굴도 모르는 독자가 블로그나 SNS에 올린 후기를 보기도 했다. 그럴 때마다 감사한 마음이 뭉게뭉게 피어올랐다.

그런데 이 책에서 실수한 것이 하나 있다. 바로 오타다. '갑자기'라는 단어를 '깁자기'라고 잘못 표기한 것이다. 내 이름으로 낸 책이다 보니 오타가 있다는 사실을 알고 어찌나 창피했는지 모른다.

문제는 이 오타를 처음 발견한 사람이 내가 아니었다는 것이다. 출간 소식을 듣자마자 책을 구입한 지인들의 다급한 연락을 받고서야 오타가 있다는 사실을 알게 됐다. 그것도 한 명이 아닌 세 명에게 연락을 받았다. 그때마다 멋쩍어하며 빨리 2쇄를 찍어서 수정하겠다고 답했다.

그런데 얼마 전 인스타그램으로 모르는 사람에게 메시지를 받았다.

"혹시 《마케터로 살고 있습니다》 쓰신 분 맞으신가요?"

"네, 맞습니다."

책을 잘 봤다고 인사를 하려는 건가? 괜히 김칫국을 마셨다. 그러나 곧 이어지는 메시지에 얼굴이 빨갛게 달아올랐다.

"아, 책을 보는데 오타가 있더라고요. 말씀드려야 할 것 같아서요!"

그렇게 오타가 있는 페이지를 찍은 사진을 받았다. 앞서 지인들이 알려준 오타와 같은 내용이긴 했지만 얼굴도 모르는 분에게 받은 연락이었기에 더욱 부끄러웠다.

•

타인에게 실수를 지적당하는 일이 그리 기분 좋지는 않다. 여러 번 같은 오타를 지적하는 연락을 받으면서 작은 오타 하나보다는 고생해서 낸 책에 담긴 내용에 관해서도 평을 해주면 좋겠다는 생각이 들기도 했다.

하지만 이런 생각도 잠시, 오타를 알려준 지인과 얼굴 모를 독자에게 감사한 마음이 들었다. 분명 내 책을 읽은 독자들 중에는 오타를 발견하고도 그냥 넘어간 사람도 많았을 테다. 책을 읽다 오타가 난 부분을 굳이 사진 찍어 내게 연락해 알려준 이유는 그들의 마음에 걱정이 컸기 때문이었을 것이다. 혹시라도 책을 쓰고 만든 사람들이 미처 오타를 발견하지 못했으면 어쩌나 하는 마음으로 말이다.

타인의 쓴소리를 귀 기울여 듣고 단점을 고쳐야 한다는 것을 알지만 그러지 못할 때가 종종 있다. 좋은 의도로 해준 조언이겠거니 생각하지 못하고 당장 듣기 싫은 소리를 들었다는 사실에 섭섭해진다.

하지만 내가 듣기 싫은 이야기는 듣지 않고 듣고 싶은 이야기만 들으려 하다간 결국 내가 꼭 들어야 하는 이야기도 듣지 못하게 될 수 있다. 시간과 에너지를 내서 불편할 수도 있는 이야기를 선뜻 건네준 사람들의 선의와 호의를 생각해보자. 상대의 단점을 이야기하는 것은 자신의 시간과 에너지를 써야 하는 일이다. '이 이야기를 듣고 상대가 기분 나빠하지는 않을까?' 하는 우려가 들기 때문이다. 군이 상대가 듣기 싫은 소리를 해서 기운을 빼느니 입을 닫게 되는 경우도 많다. 하지 않아도 되는 이야기를 하는 상대의 마음에는 크건 작건 나에 대한 관심과 애정이 담겨 있다.

나이를 한 살 한 살 먹을수록 내 흠결을 이야기해주는 사람이 줄어드는 것은 아닌가 하는 생각이 든다. 그러니 앞으로도 내 오타를, 부족함을, 실수를 지적하고 충고해주는 사람들의 이야기를 귀담아들으려고 한다. 또 그들이 감수했을 마음의 불편함을 먼저 생각하려 한다. 그들의 이야기가 나에 대한 애정이고 관심이고 사랑임을 잊지 않을 것이다.

다른 사람의 눈을 통해 내가 보지 못한 내 흠결을 알게 되는 일은 내가 성장할 수 있는 좋은 기회이기도 하다. 그러니 잘못을 지적받았다고 기분 나빠하기보다 그들의 마음속에 있는 친절을 떠올려보자. 듣기 싫은 이야기에도 조금은 귀가 편해질 것이다.

PART 3

새로운 태도로 삶을
바라보고 싶은 당신에게

매일 흔들리지만 애써 붙잡고 있는
서른의 마음

무엇이 나를 행복하게 만드는지 알아낼 것

아무거나와 행복의 상관관계

，

술 마시는 재미를 알아가던 대학생 시절, 학교 앞 호프집을 참새가 방앗간 들르듯 찾았다. 그 호프집에는 재미있는 안주가 있었다. 바로 '아무거나'라는 이름의 안주였다. 다양한 튀김과 마른안주로 구성된 아무거나는 뭘 고를지 고민하기 싫었던 우리에게 제법 인기 있었다.

지금 생각해보면 한창 하고 싶은 것도, 먹고 싶은 것도 많을 시기에 안주 고르는 게 귀찮아서 '아무거나'를 시키는 모습은 뭔가 아이러니하다. 구체적으로 자신이 먹고 싶은 안주를 정하는, 어찌 보면 간단한 이 행위가 귀찮을 정도라니. 스무 살의 우리는 왜 원하는 안주 하나 떠올리지 못하고 아무거나를 시킨 걸까?

좋은 대학에 진학하고 좋은 회사에 취업하는 것이 우리 사회의 대명제처럼 자리 잡은 지 오래다. 스타트업이나 N잡 같은 개념이 보편화되면서 삶의 방식이 조금 다양해지기는 했지만 서울에 있는 대학에 다니고 누구나 알 법한 회사에 취업하는 것은 여전히 많은 사람들의 목표다. 수능을 잘 보고 높은 학점을 받고 안정적인 직업을 갖고 좋은 짝을 만나는 일정으로 짜여진 패키지 여행을 수십 년간 계속했다.

이 과정에서 우리는 불필요하다고 생각되는 질문 따위는 과감히 생략했다. 내가 무엇을 좋아하는지, 진정으로 행복한 삶이 무엇인지 고민하지 않았다. 내 앞에 놓인 목표를 달성하며 위로 올라가는 것만 중요하게 여겼다. 괜히 고민을 시작했다가는 선로를 벗어날 가능성이 높아진다. 절대 있어서는 안 될 일이다. 그렇게 세상이 말하는 어른이 되면 애써 외면해온 질문이 시작된다. '난 지금 행복한가?'

이 질문에 선뜻 '응, 난 행복해. 행복하게 살고 있어'라고 대답할 수 있다면 좋을 것이다. 적어도 '행복하기 위해 노력하고 있어'라고만 대답해도 괜찮다. 그런데 '행복하지 않아'라고 대답했다면? 놀랍게도 당신은 평균이다. OECD가 발표한 2020년 국가별 삶의 질 통계에 따르면 우리나라 사람들의 삶의 만족도는 33개 국가 중 32위다. 이 결과는 우리 주변 사람 대부분은 행복하지 않다는 뜻이기도 하다. 오히려 행복한 것이 특이한 일일지도 모른다.

●

〈월간서른〉은 '내가 원하는 일을 하며 행복하게 살 수는 없을까?'라는 질문에서 출발했다. 그 질문에 답하기 위해 다양한 사람들과 이야기를 나눴다. 그런데 어느 순간 '30대가 지나서도 그렇게 사는 어른이 있나?'라는 궁금증이 들었다. 자신이 무엇을 원하는지 정확히 알고 그 일에 매진하며 사는 40대 말이다. 그런 어른을 만나본 경험이 많지 않았기 때문에 생긴 질문이었다.

'이런 어른이 존재하지 않는다면 원하는 일을 하는 행복한 30대가 되는 것이 무슨 의미가 있을까'라는 의구심이 들었다. 반대로 만약 그런 어른을 만날 수 있다면 그 어른들을 표본 삼아 〈월간서른〉에 찾아온 많은 30대도 스스로 원하는 삶을 살아낼 수 있으리라고 생각했다. 그리고 다행히도 그런 어른을 만났다. 좋은 생각과 의지를 갖추고 말이 아닌 행동으로 보여주는 어른이었다. 앞서 잠깐 언급한 위기관리 전문가이자 컨설팅 에이전시인 더랩에이치의 김호 대표였다.

그는 젊은 시절 커뮤니케이션을 잘하는 사람이 되고 싶었고 열심히 노력해 그 방법을 깨달았다. 그러고 나니 다른 사람들이 커뮤니케이션을 잘하게 돕고 싶었다. 그래서 커뮤니케이션 코치가 됐다. 커뮤니케이션 코치가 된 후에도 하고 싶은 일을 계속해나갔다. 몇 년 전부터는 목공 일을 시작해 가구를 만들고 최근에는 바느질을 배우고 있다. 그는 행복해지려면 "자신의 욕망을 알아야 한다"고 이야기했다.

그 뒤로도 행복한 삶을 유지하는 어른을 여럿 만났다.

그들은 모두 비슷한 이야기를 했고 나는 한 가지 결론을 내렸다. '내가 무엇을 할 때 행복한지 스스로 알아내야 한다'는 것이었다. 30대에 찾아온 행복에 대한 의문에 답을 알려줄 수 있는 사람은 나 자신뿐이다.

30대에 꼭 해야 할 일이 있다면 그것은 취업, 결혼, 출산 같은 일이 아니라 내 삶을 어떻게 오랫동안 행복하게 만들 것인가에 대한 고민이다. 아무거나 남들이 정해준 것 말고, 이제부터는 자신의 기준에서 행복할 수 있는 방법을 고민했으면 한다.

그동안 누구도 나에게 하지 않았던 질문, '넌 언제 행복하니?'를 스스로에게 던져보자. 내가 아니면 아무도 하지 않을 질문이다. 그 질문의 답을 찾아가다 보면 어느덧 행복한 어른이 돼가는 자신을 발견할 것이다.

나만의 재미있는 이야기를
만들어낼 것

욕망과 장애물의 공식

,

온종일 일을 하다 보면 잠깐의 휴식이 꿀맛처럼 느껴진다. 그 시간에 간식을 먹기도 하고 커피를 마시기도 한다. 기호에 따라 담배를 피우는 사람들도 있다.

일하다가 "담배 한 대 피우고 오겠습니다"라며 사무실을 나가는 사람에게 눈치를 주는 사람은 거의 없다. 하지만 "저 커피 한잔하고 오겠습니다"라거나 "저 잠시 쉬고 오겠습니다"라며 사무실을 나갈 수 있는 사람은 드물다. 커피는 일하면서도 마실 수 있지만 담배는 사무실에서 피우면 안 돼서 그러는 건지 이유는 잘 모르겠다. 금연 구역이 늘어나면서 사회가 흡연자에게 인색해졌다고 하지만 흡연할 시간을 인정하는 데는 여전히 관대한 분위기다.

이런 연유로 입사 초, 선배들이 담배 타임을 가질 때 나는 담배를 피울 마음이 없어도 따라 나갔다. 그 자리에서는 내가 몰랐던 회사 소식, 회사의 누가 어떻다더라 하는 뒷담화나 세평을 들을 수 있었다. 담배를 피우러 나간다고는 하지만 비공식적으로 회사와 관련된 뉴스를 나누는 시간이었던 것이다. 그런 담배 타임에 선배들에게 자주 들었던 질문이 있다.

"뭐 재미있는 거 없냐?"

처음 이 질문을 받았을 때는 최대한 성실히 대답에 임했다. 내가 당시 재미있어했던 외부 활동들, 그러니까 팟캐스트 제작, 마케터 모임, 여행 등을 열심히 늘어놨다. 신나서 대답하는 나를 보는 선배의 얼굴에는 조금의 변화도 없었다. 흥미로움에 가득 찬 표정과 "오, 그래? 어떻게 하는 건데?" 같은 대답을 기대했건만 예상 밖의 답변이 돌아왔다.

"아니, 그런 거 말고."

잠시 말문이 막혔다. 재미있는 게 있느냐고 묻기에 성심성의껏 대답했는데 선배는 마치 초등학교 시절 "안 물"이라고 말하던 심술쟁이 친구 같은 얼굴을 하고 있었다. 예상치 못한 퉁명스러운 반응에 잠시 섭섭함을 느꼈다(물론 각자의 관심사가 달라서 생긴 일일 수도 있다).

이런 식의 대화가 몇 번 오가면서 나중에는 나도 요령이 생겼다. 선배에게 뭐 재미있는 거 없느냐는 질문을 받으면 "아, 형님. 세상살이 다 그렇죠. 재미있는 거 없어요"라고 대답했다. 그럼 그제야 선배는 만족할 만한 답변을 들었다는 생각이 드는지 "그렇지? 그래, 인생 뭐 있냐"와 같은 자조적인 대답과 함께 담배를 마저 태웠다.

나는 그 선배가 한 드라마에서 여자 주인공에게 "나 너 좋아하냐?"고 묻던 남자 주인공 같다고 생각했다. 상대를 좋아하는지 아닌지 스스로도 모르는데 상대가 자기 마음을 어떻게 알 거라고 확신하는 걸까? 드라마에 나오는 남자 주인공이야 그런 무책임한 질문을 해도 될 만큼 잘생기기라도 했지만 (그렇게 생기지도 않은) 회사 선배들은 왜 스스로도 재미있는 게 뭔지도 모르면서 나에게 그런 무책임한 질문을 했을까? 지금 이런 질문을 받는다면 나는 뭐라고 대답할 수 있을까?

●

당시 선배의 반응은 '직장인이라면 재미없는 인생을 사는 게 당연하다'는 의미였을지도 모른다. 매일 같은 시간에 출퇴근하고 같은 날에 월급을 받는 직장인으로 살다 보면 재미를 안정적인 삶의 대가로 지불해도 괜찮다고 생각하게 된다. 내일 출근해야 하니 너무 늦게 끝나거나 멀리서 하는 모임은 제외하고 휴가를 길게 낼 수 없으니 비행 시간이 너무 오래 걸리는 휴가지는 포기하고… 그러다 보면 할 수 있는 재미있는 일들이 많지 않다.

〈월간서른〉 연사였던 송예진 대표도 과거에 그랬다. 그는 한때 우리나라에서 제일 잘나가는 UX/UI 기획 회사를 다녔다. 하지만 남들이 부러워하는 회사를 다녀도 쳇바퀴 도는 삶이 행복하지가 않았다.

사람들은 그런 송 대표에게 '행복은 퇴근하고 찾으라'고 이야기했다. 하지만 회사에서 하루에 열두 시간이나 일을 하면서 다른 곳에서 행복까지 찾기란 쉽지 않았다. 그렇게 한다고 만족이 되는 성격도 아니었다. 그렇게 송 대표는 하루하루 시들어가고 있었다.

결국 송 대표는 행복을 찾기 위해 인생에서 스스로 재미를 느끼는 일의 비중을 더 늘려보기로 결심했다. 그는 과감히 회사를 퇴사하고 오랜 취미인 가죽공예를 본격적으로 해보기로 마음먹었다.

어떻게 가죽공예로 수익을 창출할지 고민하던 송 대표는 친구들과 함께 살던 아파트에서 친구의 지인들에게 가죽 관련 지식을 가르쳐주기 시작했다. 손수 만든 제품을 플리마켓에 나가 판매도 했다.

그렇게 취미로 시작한 가죽공예가 결국 생업이 됐고 지금은 자신의 이름을 딴 가죽공방까지 운영하고 있다. 일에서 벗어나 재미를 찾은 데서 한 발 더 나아가 재미있는 일로 먹고살게 된, 정말 재미있는 삶을 살게 된 것이다.

●

소설가 김연수는 저서 《소설가의 일》에서 할리우드에는 "캐릭터와 욕망을 더한 뒤 방해물로 나누면 이야기가 탄생한다"는 공식이 있다고 소개했다. 이 공식처럼 "사람들에게는 각자의 욕망이 있고 그 욕망은 방해물 때문에 쉽게 충족되지 않으며 그렇기 때문에 모두에게는 이야기가 생긴다"는 것이다.

가만히 생각해보면 실제로 그렇다. 영화 〈반지의 제왕〉 시리즈를 보면 절대 반지를 파괴하려는 프로도와 그걸 빼앗으려는 다양한 세력들의 여정으로 세 시간짜리 영화가 세 편이나 만들어졌다. (갑자기 생각나는 게 왜 이 영화인지는 모르겠지만) 역시 세 편으로 구성된 영화 〈테이큰〉 시리즈 역시 주인공이 납치당한 딸이나 아내를 찾아오기 위해 방해물을 극복하는 줄거리다.

욕망을 가로막는 방해물을 극복해나가는 과정이 험난하

면 험난할수록 다양하고 재미있는 이야기가 탄생한다. 이런 단순한 공식에 기반을 두고 만든 영화에 사람들은 눈을 떼지 못하고 열광한다.

이 공식을 삶에 대입해본다면 어떨까? 우리 삶을 재미있게 만들기 위해서는 먼저 캐릭터와 캐릭터의 욕망을 정의해야 한다. 즉, 나 자신이 어떤 캐릭터인지 생각해보고 내 욕망이 무엇인지 알아야 한다.

두 번째로 해야 할 일은 방해물을 설정하는 것이다. 내가 가진 욕망이 현실에서 어려움 없이 충족되고 있다면 아무런 재미도 없다. 하지만 너무나도 간절히 원하는 것이 있는데 그걸 가로막는 큰 방해물이 있다면 그때부터 이야기가 시작된다. 예를 들어 오늘 저녁엔 꼭 치킨에 맥주를 먹고 싶은데 '다이어트'라는 방해물이 가로막고 있다면 어떨까? 방해물을 격파하고 치킨을 먹기 위해 매일 5킬로미터 달리기를 시작했다면? 그때부터 내 인생에서는 또 다른 이야기가 시작되는 것이다.

송예진 대표는 〈월간서른〉 인터뷰에서 "당신이 회사를

위해 쓰는 시간을 당신의 삶이나 당신이 하고 싶은 일에 투자한다면 절대 망할 수 없다"고 말했다. 그의 성공담을 이야기의 공식에 대입해본다면 욕망은 '행복'이 될 것이고 방해물은 '회사'가 될 것이다. 그리고 욕망을 추구하기 위해 방해물을 극복하고 '가죽공예를 하는 송예진'이라는 재미있는 이야기를 만들어냈다.

이렇게 내 삶을 재미있는 이야기로 만들고 싶다면 먼저 내 안의 욕망을 찾아보자. 그 욕망이라는 놈이 꼭 절대 반지처럼 거창할 필요는 없다. 나에게 아주 작은 갈증이라도 느끼게 만드는 주제라면 무엇이든 좋다.

욕망을 찾았는데도 여전히 삶이 재미없다면 너무나 쉽게 그 욕망을 충족할 수 있기 때문일 수 있다. 좋은 호텔을 간다거나 경치 좋은 골프장에 가는 방법으로 말이다. 그러면 스스로 방해물을 만들어보자. 방법은 간단하다. 욕망을 새로운 방법으로 조금 더 복잡하게 충족하면 된다. 남들이 잘 알지 못하는 숨겨진 숙소를 에어비앤비에서 찾아보거나 한 번도 가보지 않은 여행지에 도전해보는 것이다.

물론 삶이 늘 즐거울 수는 없다. 하지만 지금부터라도 삶에서 재미를 찾고 싶다면 욕망과 방해물, 두 가지를 늘 떠올려보자. 혹시 아는가? 〈반지의 제왕〉보다 흥미진진한 이야기가 탄생할지.

스물일곱 번째 조언

자신의 나이를
한정 짓지 말 것

나이에도 시차가 있다

，

유튜브에 들어가면 알고리즘
으로 내가 좋아할 만한 그러나 이것일 거라고는 예상하지
못했던 영상을 추천해준다. 그리고 그 영상이 여러 사람들
에게 좋은 반응을 얻어 새로운 유행이 탄생하기도 한다.

그중 하나가 바로 90년대 영상이다. 세기말 가수들의 화
려한 무대나 과감한 옷차림으로 "이렇게 입으면 기분이 조
크든요"라고 말하는 젊은 여성의 인터뷰를 한 번쯤 본 적
있지 않은가?

이런 90년대 영상을 보면 신기한 점이 많다. 우선 그때

압구정 로데오를 비롯한 서울 곳곳의 번화가가 지금에 비하면 어딘가 활력이 넘치면서도 촌스럽다는 것이다.

다른 하나는 바로 나이다. 영상에 등장하는 인터뷰이들은 분명 나이가 30대라고 적혀 있는데도 그보다 최소한 열 살쯤 많아 보인다. 20대 대학생의 외모나 차림새를 보면 지금의 30대의 느낌이 난다. 그 당시 말투나 패션 때문에 그런 것일 수도 있지만 같은 나이라 해도 30년 전 사람들이 지금 우리보다 어른스럽기 때문이 아닌가 싶기도 하다.

지금은 50~60대일 20~30년 전 30대는 대부분 결혼을 하고 아이가 있었다. 하지만 현재의 30대는 다르다. 지금의 30대는 과거의 20대다. 30대 중반이 넘어도 결혼을 하지 않은 경우가 흔하다. 결혼을 했지만 아이가 없는 부부도 많다. 현재의 30대는 가정을 일구기보다는 자기계발에 매진하고 자아를 탐색한다. 다양한 사람을 만나고 새로운 경험을 즐기기도 한다. 자신이 무엇을 하고 싶은지, 어떤 모습으로 살아야 하는지 끊임없이 고민한다.

그러니 80~90년대에 아이를 낳아 키운 부모님들은 지금 20~30대가 된 자녀들이 이해되지 않기도 할 것이다. 자신들은 30대에 결혼도 하고 아이도 낳아 키웠는데 같은 나이가 된 아이들은 다르게 살고 있으니 말이다.

●

요즘 기업에서는 '젊은 꼰대'가 늘어나는 것이 문제라고 한다. 젊은 꼰대는 어딘가 꽉 막힌 성향의 20~30대를 일컫는 말이다. 나이 든 사람을 비꼬는 말인 줄 알았던 '꼰대' 앞에 '젊은'이라는 단어가 붙다니 어색하기도 하다. 하지만 나이가 젊은데도 어른들보다 더 보수적이고 권위적으로 행동하는 사람이 의외로 흔하다.

반대로 나이가 많아도 전혀 꼰대스럽지 않은 사람들이 있다. 건설회사 임원으로 퇴직하고 시니어 모델로 활동하는 박윤섭이 대표적인 예다. 그가 모델을 한다고 했을 때 주변에서는 '그 나이에 오죽 할 일이 없으면 그런 일을 하느냐'고 면박을 줬다고 한다. 하지만 그는 지금 누구보다 왕성하게 모델 활동을 할 뿐만 아니라 6개월간 디제잉을 배워

EDM 행사에서 DJ로 서기도 한다.

이렇게 나이에도 시차가 있다. 30년 전의 30대와 지금의 30대가 다른 것처럼 개인마다 심리적으로 받아들이는 나이 역시 다르다. 물리적으로는 30대이지만 아직 20대로 살고 있는 사람도 있고 30대인데도 이미 40대로 살고 있는 사람도 있다. 몇 살로 살고 있느냐를 결정하는 기준은 물리적 나이가 아닌 마인드다.

물론 나이에 걸맞은 지식과 연륜을 갖추고 그에 맞는 행동을 하는 것도 중요하다. 하지만 나이에만 연연할 필요는 없다. '내 나이가 몇 살인데…'보다는 '아직 ○○살밖에 되지 않았는데'라는 생각을 갖고 살아야 한다. 내 나이의 시차는 내가 정하기 나름이다. 늘 뭔가를 배우고 새로운 의견에 귀 기울이고 긍정적인 사고를 하는 사람은 천천히 나이를 먹는다. 반면 새로운 의견에 관심 갖지 않고 자신의 경험으로만 모든 결정을 내리는 사람은 빠르게 나이를 먹는다.

무조건 젊게 살라는 이야기는 아니다. 빨리 나이를 먹는 것과 천천히 나이를 먹는 것 중 무엇이 좋은지는 정확히 알 수 없다. 자신에 대한 고민을 일찍 시작한 사람은 그에 대한 답도 먼저 내릴 수 있을 것이다. 그러지 못한 사람은 더 오래 방황할 것이다. 빨리 어른이 되든 늦게 어른이 되든 중요한 것은 남들이 정해준 나이가 아닌 나만의 시차를 가져야 한다는 점이다. 언제 해가 뜨고 질지는 스스로 결정하지 못해도 해가 떠 있는 나라와 달이 떠 있는 나라 중 어디에 발을 붙일지는 스스로 결정할 수 있듯이 말이다.

앞날을 사서
걱정하지 말 것

사실은 코딱지일지도 몰라

,

사람들은 프리랜서인 나에게 미래가 불안하지 않느냐고 꽤 자주 묻는다. 이런 질문을 하는 사람들은 대부분 직장인이다.

나 역시 직장을 다닐 때 회사에 속하지 않고 자기 일을 하는 사람들을 보면 속으로 궁금했다. 모든 책임을 혼자 감당하며 일하는 것이 불안하고 힘들진 않을까? 내가 던지고 싶었던 질문을 이제는 사람들이 나에게 묻는다. 이 질문을 받을 때마다 이렇게 대답한다.

"늘 불안하죠. 특히 먼 미래를 생각하면 더 불안해져요."

간혹 액션 영화를 보면 주인공이 높은 곳에 올라가서 외나무다리를 건너는 장면이 나온다. 보는 사람 입장에서야 그냥 쓱 건너면 될 것 같지만 주인공은 절대 그러지 못한다. 외나무다리 아래로 이어지는 천 길 낭떠러지를 보고 겁에 질린다. 이러지도 저러지도 못하는 주인공에게 건너편에 있는 일행이 외친다. "절대 밑을 보지 마!"라고.

외나무다리에 올라본 경험은 없지만 발을 잘못 디뎌 생명이 위태로울 수 있는 상황에 놓이면 꽤 두려울 것이다. 이때 해결책은 무엇일까? '떨어질지도 몰라' 대신 '다리를 건너자'고 생각하는 것이다. 외나무다리에서는 앞에 놓인 좁고 긴 다리 위에 중심을 잡고 서는 것이 가장 중요한 과제이자 유일한 선택지일 것이다.

'다리 밑으로 떨어지면 어쩌지?'라는 생각은 아무것도 해결해주지 않는다. 떨어지는 순간에나 고민할 일이다. 일단 발을 뗐다면 다리 위에 서 있는 지금 당장은 한 발 한 발 나아가는 일에만 전념하면 된다. 앞으로 몇 걸음이나 더 가야 하는지 알 수 없어도.

현실에서도 마찬가지다. 4년 전 나는 회사를 그만두고 나온 직후 먼 미래를 상상하며 무척 불안해했다. '회사라는 울타리 없이 나 혼자 언제까지 일할 수 있을까?', '내가 계속 일할 수 있을까?' 같은 고민을 자주 했다.

한번은 강의를 하러 가면서 '내가 지금 교통사고가 나면 나와 내 가족을 누가 책임져주지?'라는 생각을 하기도 했다. 문득 다음 달 예정된 강의가 하나도 없다는 생각에 정신이 번쩍 드는 날도 있었다. '당장 다음 달에는 돈을 한 푼도 벌지 못할 수도 있겠구나' 하는 불안감에 사로잡히기라도 하면 등줄기에 식은땀이 흘러내렸다.

하지만 불안해한다고 걱정이 해결되지는 않는다. 미리 앞날을 고민한다고 강의 의뢰가 들어오는 것은 아니고 갑작스러운 사고를 피할 수 있는 것은 아니며 일을 더 잘할 수 있는 것도 아니다.

미래를 생각하다 초조해지면 머리를 비우고 할 일을 한다. 강의가 없다고 걱정할 게 아니라 사람들이 보고 강의를 요청할 수 있도록 블로그에 글을 올린다. 빨리 마감하겠다고 마음먹은 책의 원고를 쓴다. 유튜브에 올릴 영상을 만들기도 하고 사람들을 만나 아이디어를 나누기도 한다. 건강이 우려되면 꾸준히 운동을 하고 최대한 푹 자려고 한다. 이렇게 불안이 엄습할 때는 고민보단 대책을 세우는 편이 바람직하다.

●

콧구멍은 커다란 우리 몸을 살아 움직이게 한다. 그 작은 구멍 두 개가 생명을 유지하는 데 필요한 산소를 끌어모은다. 물론 입으로도 숨을 쉴 수 있지만 입으로만 숨을 쉬면 금세 목이 따끔해진다. 감기라도 걸려 코가 막히면 냄새를 맡기는커녕 아무런 맛도 느낄 수 없고 머리가 아프다. 이렇게 얼굴에 난 두 개의 작은 구멍 덕분에 우리는 뛰고 먹고 웃고 떠들 수 있다.

작은 코딱지가 콧구멍을 막으면 만사가 피곤해진다. 코딱지가 아무리 커봐야 (사람마다 다르겠지만) 콧구멍보다는 작을 텐데 조그만 먼지 뭉치 하나 때문에 숨이 턱턱 막

힌다. 어딘가 불편해 신경질이 나고 정신이 온통 코에 쏠린다. 그럴 때는 콧구멍에 딱 들어맞는 새끼손가락으로 작은 코딱지를 발굴해낸다. 그러면 씻어 내린 듯 마음이 편안해진다.

삶도 비슷하지 싶다. 우리 삶의 숨통을 트이게 하는 건 콧구멍처럼 일상의 작고 소박한 것들이다. 출근길에 받는 동료의 인사, 아침 공복에 마시는 고소한 커피, 회의 시간에 선배에게 받은 소소한 칭찬, 점심시간에 식당에서 받은 서비스 음료수 한 캔 등 고된 하루를 살아내게 만드는 힘은 생각보다 별거 아닌 것들에서 나온다.

마찬가지로 코딱지만큼 작고 사소한 문제들이 골머리를 앓게 만들기도 한다. 새끼손가락으로 잠깐 파내기만 하면 되는, 오랜 시간이 흘러 되돌아봤을 때 '이것 때문에 내가 이렇게 힘들어했다고?'라며 어이없어할 만큼 작은 고민들이 하루를 망친다.

앞날이 막막해 머리가 아플 때 가장 먼저 해야 할 일은 나를 가로막고 있는 게 무엇인지 알아보는 것이다. 내 몸뚱

아리만큼 커다란 걱정의 근원이 사실은 코딱지만큼 작고 하찮은 건 아닌지 한번 생각해보자.

그렇게 불안의 정체를 알아냈다면 더 이상 복잡하게 생각할 것 없다. 코딱지 때문에 코가 막혔다고 엄청나게 슬퍼하거나 자책하는 사람은 없다. 향후 10년간 코딱지가 생기지 않도록 대책을 세우는 사람 역시 없다. 우리가 해야 할일은 딱 하나, 그저 코딱지를 쏙 파내는 것뿐이다.

불안은 인생이라는 등산 가방 속 짐과 같다. 절대 없어서는 안 될, 열심히 챙겼지만 산을 오르는 지금 당장은 너무 무거워 갖다 버리고 싶은, 하지만 필요할 때 꺼내면 계속 올라갈 힘을 주는 그런 존재다. 그리고 어른인 듯 청년인 듯 아이인 듯한 30대의 삶을 살아가다 보면 그 짐이 더욱 무겁게만 느껴질 것이다.

그렇다고 너무 먼 미래를 사서 걱정하지는 말자. 내 앞에 놓인 고민을 너무 크게 여기지도 말자. 미래는 불안해한다고 나아지는 것이 아니다. 그냥 어깨에 힘을 빼고 당장 오늘 저녁, 이번 주나 다음 주, 멀게는 두세 달 뒤를 위해 내가 당장 할 수 있는 일을 해나가면 된다. 그렇게 매일 작은 성취가 쌓이면 어느새 초조했던 마음은 느긋해지고 불투명한 미래가 선명하게 보일 것이다.

조금씩이라도 행동하는
사람이 될 것

누워 있는 팽이는 채찍질해도 돌지 않는다

9

　　　　　　　걱정에 관한 이야기를 조금 더
이어서 해보겠다. 30대들은 나에게 여러 가지 질문을 한다.
내가 쓴 책을 보고 이메일로 자신의 고민을 털어놓기도 하
고 오프라인 커뮤니티 행사에서 궁금한 것을 묻기도 한다.

　질문을 하는 사람에는 몇 가지 유형이 있다. 스스로 잘
해나가고 있지만 그저 확인이 필요한 사람, 정말 내 답이 필
요한 고민을 하고 있는 사람, 질문은 하고 있지만 정작 자신
이 무엇을 질문해야 할지 모르는 사람.

　마지막 유형은 또 두 부류로 나뉜다. 간절하게 지금 상황

을 바꾸고 싶은데 무엇을 바꿔야 할지 몰라 막막한 사람과 뭔가 달라지고 싶긴 한데 깊이 고민해보지 않고 일단 질문을 던져본 사람. 지극히 주관적인 입장이지만 어떤 유형을 만나든 최선의 답변을 하기 위해 노력한다.

지인을 통해 후배 D를 알게 됐다. D는 가장 마지막 유형이었다. 그는 나에게 몇 가지 일들로 고민이 많다고 하소연했다. 특히 회사와 가족 관계에서 오는 스트레스가 크다고 했다.

크게 친분이 있는 사이는 아니었지만 심각하게 마음의 고통을 호소하는 D와 두 시간이 넘도록 진지하게 이야기를 나눴다. 그의 상황에 진심으로 공감하기 위해 노력했고 문제를 해결하기 위한 여러 가지 방법을 함께 고민했다. D도 나와의 대화가 큰 도움이 됐다며 이야기해준 방법들을 실천해보겠다고 했다.

6개월쯤 지나 다시 D에게 연락이 왔다. 커피 한잔을 하자는 D와 흔쾌히 약속을 잡았다. 그런데 얼마 지나지 않아 익숙한 패턴이 반복됐다.

그는 반년 전과 크게 다르지 않은 이야기를 했다. 여전히 회사 일이 잘 풀리지 않아 고민하고 있었고 가족과의 관계도 나아지지 않았다. D에게 6개월 전에 시도해보기로 한 해결책은 어떻게 됐느냐고 물었다. D는 너무나 태연하게도 아무것도 실천하지 않았다고 답했다. 이유가 무엇인지 물으니 딱히 없다고 했다.

그 대답을 듣는 순간 그와 더 대화를 하는 것이 무의미하게 느껴졌다. 오늘 이야기를 나누고 나면 6개월 후에 다시 찾아와 또 자신의 어려운 상황만을 늘어놓을 게 눈앞에 빤히 그려졌다. 상황을 바꾸기 위해 노력하지 않고 매번 힘들다는 말만 투덜대는 사람을 계속 상대할 자신이 없었다. 나는 그런 그를 6개월 전과는 다른 태도로 대했다. 예전에 생각해낸 방안을 아무것도 실천하지 않은 이유를 고민해보라고만 짧게 이야기했다.

●

초등학교 저학년 때 친구들과 팽이 싸움을 즐겨 했다. 내가 갖고 놀았던 팽이는 역삼각형 뿔 모양이었다. 밑으로 갈수록 좁아지는 형태로 땅에 닿는 축은 강한 쇠로 만들어졌다. 몸통에 새겨진 홈에 한 줄 한 줄 돌려가며 줄을 감은 뒤 몸을 옆으로 비스듬하게 기울여 야구의 사이드암 투수가 공을 던지듯이 팽이를 한 손으로 힘껏 땅바닥에 던졌다. 그러면 감겨 있던 줄이 풀리면서 그 힘으로 팽이가 흙바닥 위를 돌았다.

팽이 싸움의 규칙은 단순했다. 돌고 있는 팽이들끼리 부딪혀서 먼저 넘어지는 팽이가 지는 것이다. 따라서 팽이치기의 승패는 일단 자신의 팽이를 얼마나 잘 돌리느냐에 있다. 혼자 제대로 돌지도 못하는 팽이가 다른 팽이와 부딪혀서 이길 수 있는 확률은 매우 낮다. 그러니 처음부터 팽이를 잘 세우는 것이 중요하다.

중심을 잡지 못하고 휘청대는 팽이를 제대로 세우는 방법도 있다. 신고 있던 신발을 벗어 들고 돌고 있는 팽이의 옆면을 팽이가 도는 방향대로 치는 것이다. 그러면 팽이에 속도가 붙어서 빠르게 돌아가며 서 있게 된다. 내가 팽이를 돌리던 시절보다 더 오래전(아마도 우리 부모님이 팽이를 치던 시절)에는 팽이의 옆면을 작은 채찍으로 때려서 팽이를 더 빨리 돌게 하거나 제대로 돌지 않는 팽이의 중심을 잡게 하기도 했다고 한다.

휘청거리며 돌거나 도는 속도가 느려진 팽이는 옆에서 빨리 치면 제대로 돌게 만들 수 있다. 그런데 당연한 이야기지만 누워 있는 팽이는 아무리 안간힘을 써도 돌지 않는다. 조금이라도 스스로 돌고 있는 팽이여야만 누군가의 도움을 받아 똑바로 돌 가능성이 있다.

D는 마치 누워 있는 팽이 같았다. 내가 D를 강제로 일으켜 세울 수는 없었다. D가 비틀대며 갈지자로라도 걷고 있어야 부축을 하건 지름길을 알려주건 기다려주건 도와줄 수 있다. 걷지 않겠다고 하는 사람을 걷게 만들 수는 없는 노릇이었다.

●

앞서 말했지만 고민을 한다고 고민이 사라지는 것은 아

니다. 문제를 해결하기 위해서는 그에 필요한 방법을 찾아야 하고 해결책을 찾았으면 반드시 실행에 옮겨야 한다. 해결책이 머릿속에 떠오른 것만으로도 당장 고민을 해결할 수 있을 것 같겠지만 실천하지 않으면 소용이 없다. 해결책을 행동에 옮겼지만 내가 원하던 결과가 바로 나오지 않기도 한다. 그럴 때는 좀 더 오래 지속하면 된다.

손을 댈수록 상황이 복잡해져 어떻게 해야 할지 모르겠다고? 물론 해결책을 실행해도 한동안 머리는 아플 것이다. 하지만 아무것도 하지 않고 가만히 앉아서 하는 고민과 뭔가를 실행하는 과정에서 나오는 어려움에 대한 고민은 차원이 다르다. 후자가 해결되면 한 단계 발전하는 발판이 생긴다. 한번 풀어본 문제의 답안은 자연스럽게 체화된다. 그리고 다음 단계에서 또 다른 문제를 맞닥뜨려도 좌절하지 않게 만들어준다. 하지만 가만히 앉아서 고민만 하면 시간이 흘러도 해결되는 것 없이 걱정이 계속 쌓이기만 한다.

우리는 살면서 다양한 문제들을 마주친다. 그리고 어떤 일들은 제때 처리하지 않으면 해결할 시기를 영영 놓쳐버리게 된다. 고민이 쌓여버리면 압도당하기 마련이다. 그러니 고민의 무게에 깔려 고통받기 전에 하루빨리 없애버리자. 답이 없는 고민을 머릿속에 남겨두지 말고 어떻게든 답을 찾아 움직이자. 누워 있는 팽이가 아니라 위태롭더라도 휘청휘청 중심을 잡으며 돌아가는 팽이처럼 그렇게 나를 돌려보자.

서른 번째 조언

나만의 샌드박스를 찾을 것

아저씨가 차 안에서 색소폰을 부는 이유

．

　　　　　아내와 종종 산책을 한다. 멀
리 나가는 것은 아니고 아파트 단지 둘레를 걷거나 가로지
르며 우리만의 코스를 만들어 걷는다.

　얼마 전에도 저녁 식사를 마치고 소화도 시킬 겸 아내와
산책을 나섰다. 이번에는 단지를 가로지르는 코스를 선택
했다. 오래된 아파트 단지인 탓에 인도와 주차 공간이 명확
하게 구분돼 있지 않아 주차된 차들 사이로 걸었다.

　얼마나 걸었을까, 밤늦은 시간 빽빽하게 들어선 차들 사
이 어디에선가 음악 소리가 들렸다. 녹음된 음악 같지는 않

았다. 분명 직접 악기를 연주하는 소리였다. 전문가의 솜씨 같지는 않았지만 꽤 연습을 많이 한 티가 났다.

주변을 살펴보니 실내등이 켜진 승용차 한 대가 눈에 들어왔다. 조금 가까이 다가가 봤다. 뒷좌석에서 한 중년 남자가 몸을 반쯤 옆으로 돌린 채 색소폰을 연주하고 있었다. 실내등 밑에는 악보가 펼쳐져 있었다.

새로 지은 집이라고 해서 밤늦게 불어대는 색소폰 소리까지 막아줄 정도로 방음이 잘되진 않겠지만 내가 사는 아파트는 더욱이 소음에 취약하다. 어느 정도인가 하면 우리 집 위층에 사는 사람이 어디 있는지 알 수 있을 정도다. 이렇게 사람 사는 소리가 넘치는 곳이다 보니 집에서 색소폰을 부는 건 상상도 못할 일이다.

이런 사실을 중년 남자도 분명 알고 있었을 것이다. 그런데도 그 늦은 밤에 꼭 색소폰을 연습해야만 했을 것이다. 아내에게 서프라이즈 선물을 해주기 위해서였을 수도 있고 동호회에서 연주회를 앞두고 있었을지도 모른다. 젊을 때 배우다가 그만둔 악기를 가족들의 반대에도 불구하고 뒤늦게 다시 시작했을 가능성도 있었다. 아무튼 절대로 집 안에서 색소폰을 불 수 없었을 것은 분명했다.

●

30대가 되면 내 삶에서 할 수 있는 일과 할 수 없는 일이 무엇인지 명확하게 알게 된다. 더 정확히 말하자면 알게 된다기보다 결정하게 된다. 실제로 할 수 있는 일들도 할 수 없다고 결정하는 경우가 많다는 것이다.

앞서 여러 번 언급했지만 우리나라에서는 대개 나이 대별로 해야 할 일들이 정해져 있다. 10대에는 대학 진학을 위해 공부하고 20대에는 취업을 하고 30대에는 좋은 사람을 만나 결혼하고 가능하면 아이까지 낳을 수 있어야 한다. 40대 이후에는 최대한 많은 돈을 벌고 집을 사고 육아를 하는 것이 지상 최대의 과제처럼 여겨진다. 누가 정해놨는지 알 수는 없지만 이 로드맵에서 조금이라도 벗어나는 순간 '별난 사람', '특이한 사람' 또는 '큰일 날 사람'으로 여겨진다.

그러니 조금이라도 로드맵에 벗어나는 일을 하고 싶다는 생각이 들면 냉큼 다시 없던 일로 치는 경우가 많다. 누가 엿듣기라도 할까 봐 그 발칙한 소망을 입 밖으로 내지도 못한다. 예를 들자면 이런 생각들이다. 대학을 졸업했지만 회사에 취업하기보다는 그림 그리는 프리랜서 일러스트레이터가 되고 싶다거나 대기업에 입사했지만 그만두고 세계 여행을 떠나고 싶다거나 10년 가까이 평범한 직장인으로 살았지만 식당을 차려서 자영업자가 되고 싶다거나 하는 일들 말이다.

가까스로 실천에 옮겨보기로 결정을 내려도 그것을 표현한 순간 친구들과 가족 그리고 동료들의 응원을 가장한 저주와 부러움을 빙자한 시기의 말을 듣게 된다. "이야, 축하해! 그런데 요새 프리랜서들 먹고살기 엄청 어렵다던데"라든가 "우와, 퇴사를 결심했다니 대단해. 얼마 전에 유튜브 보니까 요새 자영업자들 월수입 100만 원도 안 된다던데 괜찮겠어?" 같은 말들이 그렇다.

새로운 일을 시작할 때는 주변에서 응원만 해도 불안하

고 걱정이 된다. 그런데 원치 않는 걱정을 받으면 시작할 마음도 나지 않는다. 이럴 때 필요한 것이 바로 이 중년 남자가 선택한 자기 차 뒷좌석 같은 공간이다.

차마 집 안에서는 연주할 수 없을 정도로 큰 소리를 내는 악기도 자신의 차 안에서는 마음껏 연주할 수 있다. 밤늦은 시간, 인적 드문 아파트 주차장에서는 누군가의 시선을 걱정할 필요도 없다. 악보를 틀려도 비웃을 사람이 없다. 지긋한 중년이 돼서 딴따라처럼 무슨 악기를 연주하느냐고 면박을 줄 사람도 없다. 조용한 내 차 뒷좌석이 내가 하고 싶은 일을 누구에게도 방해받지 않고 자유롭게 시도해볼 수 있는 공간, 즉 일종의 '샌드박스_{sandbox}' 역할을 하는 셈이다.

전원주택이 일반적인 미국에서는 마당에 간이 놀이터로 샌드박스를 설치한다고 한다. 샌드박스는 말 그대로 모래가 담긴 박스인데 아이들이 놀 수 있을 만큼의 적당한 넓이로 테두리를 두르고 모래를 채워서 만든다. 바닥이 모래로 돼 있으니 아이들이 넘어져도 안전하고 테두리가 있으니 모래가 쏟아져 마당의 잔디를 망치지도 않는다. 이런 개념에서 따와 IT업계에서는 '마음껏 프로그램을 테스트할 수 있는 가상의 공간'을 샌드박스라고 부른다고 한다.

그리고 자신에 대한 고민이 깊어지는 서른이 되면 샌드박스가 필요해지는 순간이 한 번쯤 찾아온다. 무슨 시도를 하건 누구의 눈치도 보지 않고 마음껏 의지를 분출할 수 있는 공간 말이다. 따라서 더 늦기 전에 누구나 자기만의 샌드박스를 찾아야 한다.

중년 남자가 자신의 차 뒷좌석에 밤늦게 색소폰을 불 수 있는 샌드박스를 만들었다면 당신의 샌드박스는 퇴근 후 다니는 공방이 될 수도 있고 아침 일찍 들르는 회사 근처 커피숍이 될 수도 있다. 또는 점심시간에 짬을 내어 방문하는 피트니스 센터가 될 수도 있고 온라인 세계의 SNS 비밀 계정이 될 수도 있다. 새로운 미래를 개척하거나 삶의 행복을 찾을 수 있는 안전하고 자유로운 실험실이 돼줄 수만 있다면 어디라도 상관없다.

내 선택을 지지하지 않는 사람들은 어디에나 있다. 언제까지고 그들을 탓하며 있을 수만은 없다. 오랫동안 간직한 꿈을 이룰 기회는 스스로 찾아나서야 한다. 주위를 둘러보면 누구의 눈치도 보지 않고 마음껏 뭔가 시도할 수 있는 샌드박스가 분명 있을 것이다. 당신만의 놀이터를 꼭 찾을 수 있길.

서른한 번째 조언

내 안에서
답을 찾을 것

망설이는 나를 위한 질문

,

우리는 하루에도 수없이 망설인다. 먹을까 말까? 갈까 말까? 지를까 말까? 할까 말까? 망설임을 이겨내는 건 선택이다. 그리고 아무리 미루고 미뤄도 언젠가는 반드시 선택해야 한다. 점심에 김치찌개를 먹을지 파스타를 먹을지 고민하는 사람은 있지만 무엇을 먹을지 망설이다가 점심을 거르는 사람은 없으니까.

지인 K와 S는 퇴사를 두고 고민을 하고 있었다. 하지만 둘의 최종 선택지는 완전히 달랐다. K는 거의 퇴사할 마음을 먹었지만 나와 이야기를 나눈 뒤 생각을 바꿨다. S 역시 거의 퇴사를 앞둔 상황이었지만 K와는 달리 나와의 대화 후 그 결정을 굳혔다.

K를 만난 것은 3년 만이었다. 그의 사무실 근처에서 함께 식사를 하는데 안색이 어두웠다. K는 오래 일한 회사를 퇴사하고 다른 일을 준비하고 싶다고 했다. 어떤 일을 할지는 아직 정하지 않았지만 사업을 할 수도 있고 유튜버가 될 수도 있지 않겠느냐고 나에게 물었다.

조금 의아했다. 그간 내가 알았던 K는 회사 일에 항상 열정을 잃지 않았고 회사 내에서도 꽤 높은 위치에 있었다. 그런데 구체적인 준비도 하지 않은 채 퇴사를 고민하다니, 아무래도 진심이 아닌 것 같아 구체적으로 무엇이 문제인지 물었다.

문제는 K가 일하는 회사의 경영진이 그가 맡고 있는 조직의 중요성을 제대로 인정해주지 않는 것이었다. 매년 열심히 일하며 수익을 내왔지만 경영진들은 K의 담당 부서가 회사에 기여하는 가치를 낮게 평가했다. 이에 대해 몇 번이나 경영진에게 이의를 제기했는데도 시간이 지날수록 사내에서는 K에 대한 비난만 늘어나고 있었다.

내가 듣기에도 꽤나 답답한 상황이었다. 직장인이 회사를 다니며 얻을 수 있는 기쁨이 몇 가지 있다. 그리고 그 기쁨이 일을 사랑하게 만들어주기도 한다. 물론 연봉이나 복지도 그중 하나겠지만 순전히 그것 때문에 일을 사랑하는 사람은 없다. 함께 일하는 사람들의 인정과 칭찬, 업무 내·외적인 성장 그리고 내가 만든 결과의 만족도 등이 뒷받침돼야 즐겁게 일할 수 있다. K는 일을 사랑하는 사람이었지만 일을 하기 위한 에너지를 외부의 인정이 아니라 자신의 내면에서만 찾다 보니 한계에 부딪힌 것 같았다.

만약 경영진이 지금 하는 일을 인정해주면 더 열심히 회사를 다닐 수 있는지 K에게 물었다. K는 그렇다고 대답했다. 사실 K는 회사를 그만두고 싶었던 게 아니었다. 일을 계속할 원동력을 얻고 싶었을 뿐이었다. 자신의 일이 회사에서 얼마나 중요한지 인정받고 싶었던 것이다.

나는 K에게 회사 경영진과 좀 더 객관적인 방법으로 이야기를 나눠보라고 했다. 사업 초기부터 오랫동안 함께 일하다 보니 K와 경영진 간의 대화는 이성적이고 객관적인 방식이 아니라 '좋은 게 좋은 것'이라는 식의 감정적이고 주관적인 방식으로 이뤄지는 경향이 있었다. K 역시 '내가 인정받지 못해 기분이 나쁘다'고 표현할 게 아니라 그가 지금 하는 일이 회사에서 무슨 역할을 하고 있으며 그 일을 더 잘해내는 것이 회사에 어떻게 긍정적인 영향을 미치는지, 그일을 더 잘해내기 위해 어떤 도움과 지원이 필요한지를 논리적으로 이야기할 필요가 있어 보였다. 퇴사는 그 후에 고민해도 늦지 않았다.

식사를 시작할 때만 해도 당장 회사를 그만둘 것처럼 어두웠던 K의 얼굴이 밝아졌다. 식당을 나와 함께 커피를 마시면서는 우리가 업무적으로 함께할 수 있는 부분이 있을지 이야기할 정도로 K는 자신이 사랑했던 일에 다시 빠져들었다. 그리고 헤어질 때 K는 '조금 더 객관적으로 자신이 하는 일을 스스로 평가한 뒤 경영진과 대화해보겠노라'고 말했다.

●

공교롭게도 K를 만난 날 S에게도 연락이 왔다. 그의 고민은 조금 달랐다. 그간 일했던 분야와 전혀 다른 분야로 이직을 고민 중인데 확신이 서질 않는다는 것이었다. 어떤 이유로 확신이 서지 않느냐고 물었다. S는 새로운 분야로 이직을 하면 재미있을 것 같기는 하지만 해보지 않았던 일을 잘할 수 있을지, 옮긴 회사에 적응할 수 있을지 불안하다고 했다. 내가 물었다.

"새로운 회사로 가고 싶어요? 안 가고 싶어요?"

다른 회사로 가고 싶으냐 아니냐는 질문은 '어떻게'나 '왜'에 대한 질문이 아니다. 이른바 '예스 오어 노$_{Yes\ or\ No}$'의 질문이다. 이 질문은 힘이 세다. 어떤 핑계를 불문하고 예스나 노 둘 중 하나로밖에 대답할 수 없기 때문이다. S가 대답했다.

"가고 싶어요!"

"그럼 가세요."

알고 보니 S의 마음에는 여러 걱정거리에도 불구하고 '가고 싶다'는 의지가 크고 강하게 자리 잡고 있었다.

물론 업무 조건, 연봉, 복지, 위치 등 지금 일하고 있는 회사와 가고 싶은 회사 사이에 여러 가지 차이가 있을 수 있다. 하지만 이런 요소들을 객관적으로 지표화해 점수를 매긴다고 해도 어떤 회사를 가는 것이 옳은 선택인지는 아무도 알 수 없다. 결국 결정은 스스로 내려야 할 뿐이다.

●

퇴사를 고민하던 K와 S 두 사람에게는 공통점이 있었다. 바로 어떤 선택을 해야 할지에 대한 답이 자기 자신에게 있었다는 것이다.

두 사람뿐만이 아니다. 이미 자신들의 마음속에서 답을 찾았으면서도 쉽사리 그 답을 선택하거나 밖으로 내비치지 못하는 사람들이 많다. 여러 가지 고민과 현실적인 조건들이 그 답을 의심하게 만들기 때문이다. 내가 그들에게 준 도움은 딱 하나, 스스로 이미 내린 결정을 직시할 질문을 해준 것뿐이었다.

우리는 내가 진짜 원하는 답을 찾는 데 늘 어려움을 겪는다. 그 답이 무엇인지 뻔히 알지만 애써 외면하고 살아가기도 한다. 하지만 아무리 못 본 척을 해도 그 답을 선택하지 않으면 안 되는 순간이 온다. 내가 추구하는 답이 잘 보이지 않을 때는 스스로에게 '예스 오어 노'라고 질문해보자. 그러면 답을 찾는 것이 조금 수월해질 것이다.

"○○만 있으면 예스이긴 한데", "노이긴 한데 ○○면 좋겠어" 같은 대답을 할 수도 있다. 하지만 우리가 여기서 집중해야 할 것은 수식어가 아니다. 앞뒤에 자리 잡고 있는 예스 또는 노다. 삶은 둘 중 하나다. 하든지 말든지, 가든지 말든지, 먹든지 말든지, 사든지 말든지. 그러니 고민될 때는 스스로에게 물어보자. Yes or No?

서른두 번째 조언

방해받지 않는 시간을
가질 것

잠시 쉬어 가도 됩니다

직장인들에게 연휴와 주말은
그야말로 가뭄에 단비 같은 존재다. 나 역시 회사에 다닐
때는 일요일 오후부터 그다음 주말을 기다렸을 정도였다.
대학을 졸업하고 일을 하기 시작하면서 휴일에 여행 다니
길 즐기게 됐다.

그중에서도 연초나 연말에는 특별한 이유로 혼자 제주도
에 갔다. 지나간 한 해를 정리하고 그다음 해의 할 일을 생
각해보기 위해서다. 그곳에서 SNS에 지난 1년간 올렸던 게
시물을 찬찬히 읽어보기도 하고 사진첩을 훑어보며 올해

무슨 일이 있었는지 돌아본다. 스티브 잡스의 '점들을 연결하기connecting the dots' 개념에 빗대어보자면, 지난해 동안 뿌려놓은 많은 점들을 하나로 이어보는 시간인 셈이다. 1년이 만족스럽지 못했다면 내년에는 조금 더 잘, 열심히 살아보자고 다짐한다. 이렇게 제주에서 한 해를 정리하는 여행을 수년째 계속하고 있다.

●

그런데 한 해를 돌아보는 일이 제주와 무슨 관계가 있는 것일까? 《리워크》 저자이자 기업가인 제이슨 프라이드의 TED 강의 "사무실에서 일이 안 되는 이유Why work doesn't happen at work"를 보면 이해할 수 있다.

우리는 보통 일을 하기 위해 큰돈을 들여 사무실을 만든다. 하지만 정작 사무실보다는 카페나 휴게실 등에서 일을 할 때 더 효율성이 높아진다. 사무실에 앉아 있으면 수많은 회의와 직장 동료의 간섭 등으로 일할 시간이 부족하기 때문이다. 결국 우리에게는 일할 공간이 필요한 게 아니라 일을 할 수 있는 '방해받지 않는 시간'이 필요하다.

회사를 다닐 때 나 역시 비슷한 경험을 했다. 모두가 일하는 낮 시간에는 미팅에 참여하거나 요청받은 일을 처리했다. 나 혼자 정리해야 할 보고서나 기획서는 모두가 퇴근한 저녁에 처리했다. 그 시간에 가장 집중해서 일할 수 있었기 때문이다.

방해받지 않는 시간이 일에만 필요한 건 아니다. 삶의 방향을 고민하고 정리하는 데도 방해받지 않는 시간은 유용하다. 바쁜 일상을 살다 보면 당장 눈앞에 놓인 일들만 처리하고 살아가기 쉽다. 그리고 때로는 이런 일들이 내가 나아가야 할 방향을 가려버리기도 한다. 그러다 문득 '언제 이렇게 시간이 흘렀나?', '정말 이 삶이 내가 원하던 삶이었나?' 싶어진다. 이런 질문에 조금이라도 빨리 대답하려면 모든 것을 멈추고 내 삶을 반추하는 시간이 필요하다.

하지만 매일 생활하는 공간에서 나에 대해 고민할 시간을 갖기란 좀처럼 쉬운 일이 아니다. 일상의 공간에는 일상의 할 일들이 존재한다. 아무것도 아닌 것처럼 보이는 일들,

예를 들면 빨래, 청소, 설거지, 하다못해 책상 정리 같은 자질구레한 일과 물건들이 나를 방해한다. 따라서 적당히 생경한 혼자만의 공간에 머물러야 진정으로 나에게 집중할 수 있다.

그 공간이 꼭 제주일 필요는 없다. 그저 매일 마주치는 일상적인 공간을 벗어나면 그만이다. 속초도 좋고 부산도 좋다. SNS에서 눈여겨보던 독립서점도 좋고 예쁜 카페여도 좋다. 내 생각을 길게 이어갈 수 있는, 다른 사람에게 방해받지 않고 일상에서 벗어날 수 있는 곳이면 된다.

●

방해받지 않는 시간을 갖기 위해 또 필요한 것은 '용기'다. 나만의 시간을 가지려면 같이 저녁 먹고 들어가자는 상사의 요청이나 주말에 만나 술 한잔하자는 친구의 연락을 거절할 수 있는 용기가 필요하다.

나아가 '지금 잠시 멈춰도 되나?'라는 의문을 뒤로하고 과감히 실행에 옮길 수 있는 용기가 필요하다. 한 번도 쉬어

보지 않은 사람들은 쉬는 것 자체를 두려워한다. 잠시 멈췄다가 영원히 뒤처지는 게 아닌지 걱정한다. '내가 없는 동안 내가 맡은 일에 문제가 생기면 어쩌지?', '휴가를 너무 길게 썼다고 나중에 구박받는 건 아닐까?' 같은 고민들을 한다. 하지만 내가 일주일 정도 자리를 비운다고 해도 크게 바뀌는 건 없다.

바쁠수록, 해야 할 일이 많을수록 더욱 용기를 내 의도적으로 혼자만의 시간을 가져야 한다. 다른 누구도 아닌 나를 위해서 말이다. 나 자신을 잘 알고 있다고 생각하는 사람도 실상은 그렇지 않은 경우가 많다. "생각하며 살지 않으면 사는 대로 생각하게 된다"는 진부한 표현을 굳이 들먹이지 않더라도, 쉬어야만 돌아볼 수 있고 돌아봐야만 깨닫는 것들이 있다. 그리고 그래야만 더 힘차게 달릴 수 있다. 당신의 혼자 있는 시간을 응원한다.

서른세 번째 조언

내 엉덩이를 무겁게 만드는 일이
무엇인지 알아낼 것

실행력의 비밀

,

한 부부를 알게 됐다. 같은 회사에서 만나 결혼까지 한 두 사람은 퇴사를 하고 새로운 일을 고민하고 있었다. 그들은 다시 직장으로 돌아갈 생각은 없지만 뭔가 새로운 일을 하는 게 두렵고 주저하게 된다고 했다.

두 사람에게 필요한 이야기가 무엇일까 고민하다가 법륜 스님이 떠올랐다. 사람들에게 질문을 받고 법륜 스님이 답을 해주는 유튜브 채널 〈즉문즉설〉을 보면 이 지인 부부와 비슷한 고민을 하는 사람들이 꽤 많다. 예를 들자면 이런 고민들이다. "친구와 잘 지내고 싶은데 어떻게 하면 되나요?", "소극적인 성격을 고치고 싶은데 어떻게 해야 하나요?" 같은 것이다. 생각보다 법륜 스님의 대답은 간단하다.

"하고 싶으면 그냥 그렇게 하면 된다. 그것 말고는 방법이 없다."

듣고 보니 맞는 말이다. 하고 싶은 일을 해내는 방법은 딱 하나, 그냥 하는 것뿐이다.

살을 빼고 싶다면 그냥 빼면 된다. 어떻게 빼면 좋으냐는 질문은 의미가 없다. 인터넷 검색창에 '살 빼는 방법'을 검색하기만 하면 수천, 수만 가지 방법이 나온다. 요즘처럼 정보를 구하기 쉬운 시대에 내가 하고 싶은 일이 있는데 그 일을 하는 방법을 몰라서 못하는 경우는 거의 없다. 그저 하지 않아서 못할 뿐이다.

우리는 늘 뭔가 하고 싶은 일이 있다. 문제는 그 하고 싶은 일을 실행하지 못한다는 데 있다. 물론 나름의 계획이 있어서 순서를 정해뒀다거나 당장 하고 싶지 않아서 뒤로 미룬 일은 문제가 되지 않는다. '해야 하는데…'라고 수개월, 수년을 생각만 하는 경우가 문제다.

●

그렇다면 도대체 우리는 왜 실행하지 못하는 걸까? 가장 큰 원인은 '먹고살 만함'일지도 모른다.

아무것도 하지 않아도 인생에 문제가 없는데 누가 굳이 새로운 시도와 도전을 할까? 새로운 시도와 도전에는 늘 리스크가 따른다. 그에 실패할 경우 문제없이 잘 살고 있던 내 삶에도 영향을 미친다.

나는 20대부터 스노보드를 타기 시작했다. 스키장에 가면 상급자 코스를 이용할 정도로 스노보드에 능숙하다. 그런데 최근 스노보드 말고 스키가 타고 싶어졌다. 하지만 선뜻 스키를 배울 용기가 나지는 않았다. 기초부터 다시 배워야 하기 때문이다. 스키 장비를 새로 갖춰야 하는 것은 물론 슬로프에서 넘어지는 방법과 다리를 A자로 오므리는 방법, 옆으로 걷는 방법도 익혀야 한다. 나아가 속도와 방향을 조종하는 방법까지 배우고 이 모든 것을 숙달해 상급자 코스를 즐기려면 최소한 2~3년은 연습을 해야 할 테다.

그 과정이 나에게는 너무 답답하게 느껴졌다. 스노보드를 타면 단번에 상급자 코스에서 시원하게 활강을 하며 내려올 수 있지만 스키를 타면 초급자 코스에서도 낑낑대며 고생할 게 뻔했다. 다시 말해 스키장에서 나는 굳이 스키라는 새로운 시도를 하지 않아도 될 만큼 스노보드 실력만으로도 충분히 먹고살 만했다.

30대가 되면 세상이라는 스키장 슬로프를 자유자재로 내려올 수 있는 자신만의 기술 하나쯤은 갖게 된다. 그 기술이 아파트 한 채 같은 자산일 수도 있고 회사에서의 직급 같은 업무 역량일 수도 있다. 어떤 선택을 하고 살았느냐에 따라 조금씩 다르겠지만 세상을 살아가는 자신만의 방법이 하나쯤은 생긴다는 거다.

30대에 내가 쌓았던 기술이 뭐였는지 생각해보면 '연봉'이 아니었나 싶다. 회사 다닐 때 종종 했던 생각이 있다. '나 정도 연봉 수준이면 직장인 중에서는 높은 편이지'였다. 직장인 친구들과 자연스레 연봉 이야기를 할 때, 평소 자신의 연봉이 높다고 자랑하던 지인이 알고 보니 나보다 낮은 연봉을 받는다는 사실을 들으면 괜한 우월감과 함께 안도감이 들기도 했다. 반면 전혀 생각지도 못했던 친구가 나보다 높거나 나와 비슷한 연봉을 받는다는 이야기를 들으면 자괴감이 들거나 창피했다. 그럴 때는 '이 정도 연봉이면 먹고살 만하지, 뭐'라며 스스로를 위로하기도 했다.

●

그런데 언제부턴가 생각이 바뀌었다. 만약 연봉이 내 인생에서 가장 중요한 기술이었다면 여전히 회사를 다니고 있었을지도 모른다. 하지만 연봉보다 더 큰 의미를 주는 가치가 생겨났다. 그건 바로 '성장'이었다. 먹고살 만한 게 전부가 아니라는 생각이 든 것이다.

그전에는 성장을 중요한 가치로 생각하지 않았던 것은 아니다. 나는 한 회사에서 팀을 네 번 옮겼다. 그중 세 번은 일상적인 인사 발령이 아닌 내 의지에 따른 이동이었다. 내가 속한 팀에서 최선을 다해 일했지만 아무리 노력해도 성장하고 있다는 느낌이 들지 않으면 다른 팀으로 이동을 요청했다. 물론 쉬운 일은 아니었지만 말이다.

하지만 어느 순간 팀을 옮겨도 성장에 대한 욕구가 가시질 않았다. '내가 이 회사에서 계속 성장할 수 있을까?'라는 질문을 스스로에게 해봤다. 그런데 그 물음에 당당하게 '응!'이라고 답하기 어려웠다. 회사가 아니라 밖에서 성장하는 기회를 가져보고 싶었다. 그래서 결국 프리랜서의 삶을 선택했다.

때로는 나를 배부르게 만드는 것이 내 발목을 잡기도 한다. 스노보드를 버리고 스키를 선택하는 것, 연봉을 버리고 성장을 선택하는 것은 먹고살 만함을 스스로 포기하는 일이다. 모든 실행에는 결핍이 필요하다. 내 삶이 불행하다고 부정적으로 생각하자는 것이 아니라 내가 채우고 싶은 결핍이 무엇인지 찾아내자는 것이다.

삶을 충만하게 만들어주는 요소는 사람마다 다르다. 만약 살 만하다는 것의 가치를 배부른 것에 둔다면 돈을 많이 버는 삶으로도 충분히 행복할 것이다. 하지만 그 가치를 다른 요소에 둔다면 아무리 연봉이 높고 비싼 아파트를 갖고 있어도 충분하지 않을 것이다.

하고 싶은 일에 선뜻 실행력이 발휘되지 않는다면 내가 무엇 때문에 먹고살 만한지 알아보자. 또 그럼에도 내 삶을 먹고살 만하지 않게 만드는 것이 무엇인지 찾아야 한다. 나를 배고프게 만드는 것의 정체를 파악하면 성장에 대한 욕구는 자연스레 따라올 것이다.

30대라는 산을 오르는 마음으로
살아갈 것

올라갈 때 풍경이 좋은 코스를 선택하는 이유

，

이 글은 제주에서 쓰고 있다. 앞서 잠깐 언급했지만 나는 제주를 좋아해 한 해에도 한 손으로 꼽을 수 없을 만큼 자주 제주도를 찾는다. 오늘은 여행 마지막 날이고 김포로 돌아가는 비행기를 타기 전에 제주 시내의 한 카페에 앉아 이 글을 쓰고 있다.

이번에 여행을 온 이유는 뭔가 새로운 경험을 해보기 위해서다. 별일 없는 일상을 살다 보면 인풋이 부족하다는 느낌을 받는다. 인풋이 없으면 아웃풋도 없다. 역시나 며칠간 이어진 여행은 충분한 영감을 줬다. 그중 기억에 남는 경험

하나를 공유하려 한다. 조금 식상하게 들릴 수도 있겠지만 한라산을 등반한 이야기다.

한라산 등반 코스는 여러 개다. 백록담을 다녀오는 코스로는 성판악 코스와 더불어 경관이 좋기로 유명한 관음사 코스가 있다. 보통은 성판악으로 올라가 관음사로 내려오거나 그 반대를 선택한다. 가끔은 올라갔던 코스로 다시 내려오기도 한다.

몇 해 전 눈 쌓인 한라산을 보고 싶어 관음사 코스로 올라 성판악 코스로 내려온 적이 있다. 온몸이 땀에 젖을 정도로 힘들었다. 그래서 이번에는 조금 수월한 코스를 선택했다. 영실 코스였다. 정상인 백록담까지는 가지 않지만 백록담이 바로 올려다보이는 윗세오름 대피소까지 올라가는 코스다. 영실 코스는 비교적 경사가 완만하고 나무 계단이 놓여 있어 어린아이들도 함께할 수 있는 코스라고 알려져 있다(하지만 이번 기회를 통해 내 체력이 어린아이에 맞먹는 수준이라는 걸 처절하게 깨달았다).

아무튼 열심히 나무 계단을 오르다가 조금 힘들다 싶어

뒤를 돌아봤다. 경관이 무척이나 인상적이었다. 저 멀리 제주의 서쪽 지역인 모슬포가 보이고 사계리가 한눈에 들어왔다. 사계리를 대표하는 산방산과 형제섬 그리고 송악산이 마치 장난감 모형처럼 작은 크기로 보였다.

●

산을 오르며 깨달은 한 가지 흥미로운 사실이 있었다. 경치 구경은 올라갈 때만 할 수 있다는 것이다.

흔히 등산할 때는 '산을 오를 때 경치가 좋은 코스를 선택하라'고 한다. 올라가다 힘이 들면 한 번씩 경치를 즐기며 에너지를 충전할 수 있기 때문이다. 내려올 때는 힘이 들어 경치를 볼 여유가 없기 때문이기도 하다.

산을 오를 때 우리의 시선은 위를 향한다. 발밑을 조심하며 걷기는 하지만 이 길이 얼마나 남았는지, 어떤 지형이 나를 기다리고 있는지 수시로 확인해야 한다. 그러니 주변에 무엇이 있는지 둘러볼 수밖에 없다.

반면 내려올 때 향하는 시선은 조금 다르다. 산을 내려올 때 우리 시선은 아래를 향한다. 주변을 둘러보기보다는 반드시 내려가는 발끝을 쳐다봐야 한다. 풍광에 사로잡혀 있다가는 자칫 넘어지거나 미끄러지기 쉽기 때문이다.

정상을 향해 오르는 내 모습이 서른의 모습과 비슷하다는 생각을 했다. 목표를 향해 나아갈 때에는 시선을 위로 향해야 한다. 내 발끝에 무엇이 있는지 고개를 숙이기보다는 내 앞에 어떤 길이 펼쳐져 있을지, 내가 제대로 가고 있는지 그리고 그 길이 얼마나 멋진지 살펴봐야 한다. 산을 오르다 지쳤을 때 풍경을 둘러보듯 잠시 멈춰 내가 달성한 성과를 돌아보면 성취감과 자부심을 느끼고 계속 나아갈 원동력을 얻을 수 있다.

●

한라산에서 느낀 것이 또 하나 있다. 영실 코스를 출발할 때만 해도 키 큰 나무들이 울창한 숲을 이루고 있었다. 그런데 점점 더 높이 올라갈수록 탐방로 옆 나무와 풀의 키가 작았다. 높은 고도의 바람과 비를 이겨내기에는 낮은 키가 유리해서일지도 모른다. 만약 키 큰 나무가 정상에 있다면 쉽게 꺾이고 부러졌을 테니 말이다.

나는 내가 가진 뭔가를 내놓으며 성장해나가는 것이 삶이라 생각한다. 그리고 인간관계든 시간이든 자유든 삶의 목표에 가까워질수록 내줘야 할 것들이 생긴다. 영실 코스의 높은 곳에 있는 나무가 키를 포기하고 백록담의 아름다운 풍경을 얻은 것과 같이 뭔가 희생하지 않는 사람은 정상에 다다르지 못한다. 야속하지만 어쩔 수 없는 삶의 이치다.

정상을 향해 가는 과정에서는 아름다운 풍광이 보일 수밖에 없다. 하지만 그 과정에서 우리는 작아진 나무들처럼 태풍에 깎이고 다칠지도 모른다. 어떤 것을 선택하고 감수할지는 나 자신만 결정할 수 있다. 다만 하나를 얻기 위해 뭔가를 잃더라도 이 모든 게 서른이라는 산을 오르는 과정이라고 생각한다면 조금은 덜 외로울 것이다. 든든한 등산스틱이라도 있으면 더 즐거울지도 모르고.

당신의 30대를
사랑해주세요

〈월간서른〉을 운영하며 듣는 이야기가 몇 가지 있다. '월간스물은 안 할 거냐', '월간마흔은 안 할 거냐', '조금 있으면 마흔인데 〈월간서른〉 계속 하는 거냐'와 같은 이야기다. 이런 말을 들으면 '이제 나도 조금 있으면 마흔이 되는구나' 라는 생각과 함께 책임감이 느껴지기도 한다. 그렇다고 월간마흔을 할 생각은 없다. 내가 40대가 돼도 〈월간서른〉은 유효하다.

뽀로로와 아기상어를 좋아하는 건 여섯 살짜리 어린아

이겠지만 그 아이들이 뽀로로와 아기상어 콘텐츠를 만들지는 않는다. 마찬가지로 나 역시 나이가 먹더라도 〈월간서른〉을 운영하며 더 많은 30대에게 자극과 성장의 동력을 제공하는 일을 할 것이다.

사실 서른에 관한 책을 출간하자고 출판사에서 제안받았을 때 처음에는 조금 고민했다. 내가 과연 서른, 그러니까 30대 이야기를 잘 쓸 수 있을까 하는 의구심과 부담감이 있었기 때문이다. 하지만 이런 도전 역시 30대의 내가 할 수 있는 일이라는 생각이 들었다. 누군가에게 교훈을 전해야겠다는 거창한 생각이 아니라 내가 30대를 지나오며 느낀 여러 감정과 생각을 정리하기로 했다.

이 책을 쓰는 지금은 30대지만 이 책이 출간되는 시점에 나는 40대가 돼 있을 것이다. 만으로는 아직 30대라며 우기고 싶은 생각은 없다. 나는 나이 먹는 내가 좋다. 지난한 20대를 거쳐 취업을 했고 누구 못지않게 열심히 일을 했고 사랑하는 사람을 만나 결혼을 했으며 퇴사 후에 나만의 길을 걸었다. 이런 나의 발자취가 좋다. 40대에는 어떤 일을 하고 살면 좋을까 고민하며 30대의 마지막 겨울을 나고 있는 나도 좋다. 나는 나의 30대를 원 없이 사랑했고 후회 없이 즐겼다.

아쉬움이 없다고는 할 수 없겠다. 책에서도 말한 것처럼 아직도 하고 싶은 일이 너무 많기 때문이다. 하지만 후회는 없다.

●

몸에는 큰 근육과 작은 근육이 있다. 가슴, 복부, 등, 허벅지 같은 부위는 우리 몸의 큰 틀을 잡아주는 근육으로 구성돼 있다. 반대로 작은 근육은 겉으로 드러나지는 않지만 큰 근육 사이를 이어주며 우리 몸에 꼭 필요한 역할을 한다. 처음 운동을 할 때는 큰 근육을 키우는 걸 목표로 한다. 그렇게 몸을 구성하는 근육들이 어느 정도 자리를 잡으면 그때부터 작은 근육을 디테일하게 키운다.

우리 삶도 여러 조각의 근육들로 이뤄져 있다. 큰 근육처럼 누가 봐도 티가 나는 멋진 성과가 있기도 하고 다른 사람들 눈에는 잘 띄지 않지만 내 인생에는 꼭 필요한 작은 근육 같은 능력도 있다.

이 책은 1년 가까이 한 주도 쉬지 않고 일요일 저녁마다 발송한 〈인간 강혁진〉 이메일에서 시작됐다. 매주 500명이 넘는 사람들에게 한 주간 느꼈던 감정과 일상을 공유했다. 누가 시킨 것도 아니었고 돈을 버는 일도 아니었다. 하지만 〈인간 강혁진〉을 꾸준히 써두지 않았다면 이 책도 쓰지 못했을 것이다.

당신을 향한 주변의 평가는 보통 큰 근육으로 만들어진다. 업무적 성과, 자산의 규모 같은 큰 근육 말이다. 그리고 사람들은 보통 큰 근육을 만드는 데 관심이 많다. 부동산 투자를 어떻게 해야 하고 주식투자는 어떻게 해야 하고 승진하기 위해서는 무엇이 필요하고 내 비즈니스를 만들기 위해서는 어떻게 해야 하는지 같은 고민들을 한다.

하지만 큰 근육을 지탱해주는 건 작은 근육이다. 큰 근육들 사이의 빈틈을 채우고 지지해주는 작은 근육. 인생의 작은 근육은 우리가 소소하게 여기는 행동과 같다. 하루

10분의 산책, 사랑하는 사람과의 대화, 맛있는 요리, 아침에 눈을 뜨자마자 눈꼽도 떼지 않고 내리는 커피, 친구와의 시답잖은 카톡. 〈인간 강혁진〉의 A4 한 장짜리 글들이 몸집을 불려 책 한 권의 원고가 됐듯이 작은 근육을 탄탄하게 만들어나가야 큰 근육이 더욱 빛날 수 있다.

이 책을 읽은 당신의 서른이 반짝이면 좋겠다. 당신의 인생을 충만하게 채워줄 근육들을 많이 키우길. 당신의 아름다운 서른을 만끽하길.

강혁진

눈떠보니 서른

1판 1쇄 발행 2021년 3월 22일
1판 2쇄 발행 2021년 10월 25일

지은이 강혁진
발행인 오영진 김진갑
발행처 토네이도

책임편집 진송이
기획편집 박수진 박민희 박은화
디자인팀 안윤민 김현주
표지 및 본문 디자인 유니드
교정교열 강설빔
마케팅 박시현 박준서 김예은
경영지원 이혜선 임지우

출판등록 2006년 1월 11일 제313-2006-15호
주소 서울시 마포구 월드컵북로5가길 12 서교빌딩 2층
독자 문의 midnightbookstore@naver.com
전화 02-332-3310 팩스 02-332-7741
블로그 blog.naver.com/midnightbookstore
페이스북 www.facebook.com/tornadobook

ISBN 979-11-5851-208-8 03190

토네이도는 토네이도미디어그룹(주)의 자기계발/경제경영 브랜드입니다.